KB133813

결국 재능을
발견해낸
사람들의 법칙

20년간 125명의 유명인을 집요하게 분석한 끝에 알아낸 재능 폭발의 비밀

결국 재능을
발견해낸
사람들의 법칙

가미오카 신지 지음 | 유나현 옮김

글담출판

재능을 찾아 폭발시켜라.
인생이 달라진다!

많은 이들이 자신에게는 특별한 재능이 없다고 생각한다.

"난 머리가 좋지도 않고, 말을 재미있게 할 줄도 몰라. 노래를 잘하는 것도 아니고 이렇다 할 손재주가 있지도 않지. 그렇다고 성실한 노력파도 아니니……."

남보다 뛰어나게 잘하는 것도 없고, 내세울 만한 특기도 없다. 그래서 스스로를 한없이 평범한 사람에 불과하다고 믿는다.

하지만 정말 그럴까? 당신에게는 숨겨진 재능이 한 가지도 없는 것일까?

결론부터 말하면, 누구에게나 재능이 있다. 다만 재능을 발견하지 못한 채 어른이 되어버렸을 뿐이다.

중요한 건, 내가 가진 재능을 하루라도 빨리 발견하는 일이다. 그리고 그 재능을 일이나 일상생활에 최대한 활용할 방법을 궁리해야 한다.

이 책에서는 재능을 꽃피워 경제적 자유를 얻고 삶의 보람을 찾는 것을 최고로 친다. 나는 이를 '재능의 폭발'이라고 이름 붙였다.

당신이 재능을 발휘해 즐겁게 사는 정도에서 그치지 않고, 재능을 폭발시켜 막대한 수익과 장밋빛 인생을 손에 넣었으면 한다. 꿈은 클수록 도전할 가치가 있다.

내 안에 숨겨진 재능을 찾아내 소중하게 키워나가라. 아직 늦지 않았다. 지금이라도 재능을 찾아내 발휘하지 못한다면, 당신은 그저 상사가 시키는 대로만 하는 회사원으로 일생을 마칠지도 모른다. 아니, 그렇게라도 정년까지 일할 수 있다면 다행이다. 왜냐하면 당신은 머지않아 인공지능이나 로봇으로 대체될 가능성이 높기 때문이다.

인간보다 훨씬 정확하고 처리 속도도 빠른 데다 불평 한마디 없는 컴퓨터가 더 합리적이고 생산적이니 말이다.

컴퓨터에 일자리를 빼앗기지 않는다고 해도 앞으로는 시키는 일밖에 못하는 사람과 스스로 재능을 살려 일을 창출하는 사람 사이의 대우 차이, 경제 격차는 더욱 벌어질 것이다.

옥스퍼드대학교의 마이클 오즈번 교수는 《고용의 미래》에서 미국은 앞으로 10년에서 20년 이내에 전체 노동 인구의 절반이 프리랜서가 될 거라고 예측했다. 업무 자동화로 생산직 노동자뿐만 아니라 사무직 노동자마저 불필요해져 기업에서 고용하는 인력이 크게 줄어들 것이기 때문이다.

자신의 기술과 재주만으로 먹고사는 프리랜서가 절반이나 차지한다는 건 개인들 사이의 싸움이 본격적으로 시작된다는 뜻이다.

생각해보라, 이 싸움에서 누가 승자가 될 것인가를.

이기고 지고를 떠나, 인생은 오직 한 번뿐이다. 재능을 펼쳐보지도 못한 채 생을 마감한다면 너무 억울하지 않은가.

사람들의 재능을 최대한 끌어내기 위해 20년 동안 수백 곳이 넘는 기업에서 교육을 해오며, 나는 새로운 사실 하나에 주목하게 되었다. 바로 성공한 이들이 폭발시킨 재능의 종류는 천차만별이지만 재능을 찾아서 키우고 폭발시키는 과정에는 공통점이 있다는 것이다.

그건 바로 '자신의 가치관에 부합하는 일을 찾아내고 거기에 집중하는 능력'이 탁월하다는 사실이다. 그렇기 때문에 그들은 재능을 폭발시킬 수 있었다.

기업 연수를 진행하다 보면 자신의 재능이 어디 있는지도 모르고 알아도 제대로 활용하지 못하는 직장인들을 제법 만난다. 그런 그들에게도 공통점이 있다. 바로 자신의 가치관에 그리 민감하지 않다는 점이다.

당신의 가치관은 무엇인가? 삶에서 가장 중요한 건 무엇이고, 어떤 일이 가장 가치 있다고 생각하는가? 자신의 가치관에 민감해지면 잠재된 재능도 금방 알아차릴 수 있다. 성공할 가능성은 당연히 커진다.

또한 자신의 가치관이 무엇인지 정확히 알아 재능을 빨리 발견했더라도 시간을 투자하고 집중해서 키우지 않는다면 귀한 보물을 땅속에 묻어두고 찾아 헤매는 꼴이 될 것이다.

이 책에는 재능을 폭발시킨 인물들이 차례로 등장한다. 현실이 아무리 힘들어도 그들의 사례를 읽다 보면 어려운 상황을 타개할 수 있는 실마리들이 곳곳에 널려 있음을 알게 될 것이다. 그리고 그것들을 잘 발견해 당신 안에 잠들어 있는 재능의 불이 반짝하고 켜지는 느낌을 받게 되길 바란다.

한 번뿐인 인생, 단 하루를 일하더라도 내 재능이 이끄는 대로 즐겁고 행복하게 일할 수 있다면 그보다 행복한 일은 없을 테니 말이다.

가미오카 신지

CONTENTS

Chapter 1

당신의 인생이 시시한 이유는
재능을 발견하지 못해서다

Chapter 2
지금 나만의 재능을
찾기 위해 알아야 할 것들

Chapter 3

결국 재능을 폭발시켜
성공한 사람들의 30가지 법칙

Chapter 1

당신의 인생이 시시한 이유는
재능을 발견하지 못해서다

많은 사람이 자신의
진짜 재능을 모르고 있다

"모두들 자신의 재능을 지나치게 의심한다.
자신에게 확신이 없으면 최선을 다할 수 없다.
내가 나를 믿지 않는데 누가 나를 믿겠는가."

-마이클 잭슨

재능은 어떻게 찾아야 할까

처음 만난 상대와 금세 친해진다, 아무리 복잡한 계산도 틀리지 않는다, 기획서를 구성하는 감각이 뛰어나다, 재밌는 농담으로 동료들에게 항상 웃음을 준다……

우리는 각자 다양한 개성을 지니고 있다. 그리고 그 개성 가운데서도 "좋은데!", "대단해!" 하고 주위에서 가치를 인정해주는 것이 재능이다.

이것이 이 책에서 말하는 재능의 정의다. 주위에서 그 개성을 가치 있게 여기느냐가 핵심이다.

이런 재능은 대부분 알기 쉽다. 결과가 눈에 보이고, 판단 기준도 비교적 명확하다. 자신에게 그 재능이 있는지 없는지 헷갈릴 여지가 없다.

그러나 알아보기 쉬운 재능만 있는 건 아니다. 한눈에 알아보기 어려운 재능도 있다. 또 재능이라고 생각해본 적 없는데 알고 보니 재능인 경우도 많다.

예를 들어 말주변은 없어도 상대의 감정을 유독 잘 읽어내는 사람이 있다. 그런데 보통 커뮤니케이션 능력이라 하면 대화를 이끌어나가는 기술이 중요하게 여겨진다. 그 편이 더 눈길을 끌기 때문에 다른 사람의 감정을 읽어내는 관찰력이 높이 평가받는 일은 매우 드물다. 그래서 스스로도 재능으로 생각하지 못한다. 하지만 이는 분명 재능이다.

당신 안에도 그런 재능이 반드시 숨어 있을 것이다.

재능의 싹은 내 잔디밭 안에 있다

우리는 가진 것이 아니라 가지고 있지 않은 것에 민감하게 반응한다. 이른바 옆집 잔디밭이 더 넓고 푸르게 보이는 현상이다.

물론 옆집 잔디밭을 보며 내 잔디밭의 부족함을 깨닫고 분발한다면 아무 문제도 없을 것이다. 하지만 그럴 수 있는 사람은 그리 많지 않다. 대부분은 부족한 자신을 비하하거나 자포자기하는 등 부정적인 길로 빠지고 만다.

그럴수록 옆집 잔디밭이 아니라 내 잔디밭을 주의 깊게 관찰해야 한다. 누구와 비교해도 결코 뒤지지 않는 재능의 싹이 내 잔디밭에도 숨어 있다.

그 싹으로 시선을 돌려 정성껏 키워야 한다.

 Point ─────────────────────────

우리의 사고는 컴퓨터 프로그램처럼 완벽한 로직으로 돌아가지 않는다. 논리적으로 생각하려고 의식적으로 노력하지 않는 한, 과거의 경험들에 기초한 편견에 휩싸이기 십상이다.

재능이 없다고 생각하는 것 또한 일종의 편견이다. 어린 시절 부모에게 인정받지 못하고, 교사에게 늘 지적당하고, 친구들 사이에서 별종 취급을 받았던 경험이 그런 편견을 만들었을지 모른다.

하지만 우리의 뇌는 얼마든지 덮어쓰기가 가능하다. 나의 재능은

언젠가 발견될 것이며, 반드시 꽃피울 날이 온다.

나에겐 재능이 없다는 편견을 버리고 긍정적으로 사고한다면 말

이다.

재능을 살려서 하는 일은
항상 즐겁다

"나는 매일 스스로에게 묻는다.
지금 나는 내가 할 수 있는 가장 중요한 일을 하고 있는가?"

-마크 저커버그

어린 시절 꿈꾸던 일을 하는 사람은 극소수다

어린 시절 당신의 꿈은 무엇이었는가? 혹시 축구선수나
야구선수, 의사, 연예인, 요리사를 꿈꾸진 않았는가?

이들은 모두 남녀 초등학생 장래희망에서 각각 3위 안에
드는 직업으로, 전문적이고 특별한 기술이 필요한 일들이다.
어린이들은 커서 이런 일들을 하길 꿈꾼다.

그런데 대학생만 돼도 원하는 직업이 전혀 달라진다. 희망
직업에 관한 조사 결과만 봐도 알 수 있다. 반드시 공무원이

나 금융·보험·미디어 대기업 사원이 희망 순위의 상위권을 차지한다. 극단적으로 안정을 추구하는 경향이 엿보인다.

그렇다면 어린 시절 꿈꾸던 일을 하는 사람은 얼마나 될까? 여러 조사 결과를 보면 그 수는 10퍼센트 정도밖에 되지 않는다. 물론 프로 축구선수나 야구선수, 연예인이 되기란 쉽지 않다. 큰 노력이 필요한 데다 워낙 경쟁이 치열하다. 하지만 그 밖에도 많은 직업이 있는데, 10퍼센트라는 수치는 너무 낮지 않은가? 왜 우리는 어릴 적 꿈을 끝까지 좇지 못하는 걸까?

왜 자진해서 회사의 노예가 되는 걸까

많은 이들이 회사에 묶여 마치 노예처럼 살아간다. 회사원이라는 직업이 잘못됐다는 게 아니다. 회사라는 조직에서만 할 수 있는 일도 있고, 나중에 다루겠지만 회사에 다니면서도 재능을 꽃피울 방법은 얼마든지 있다. 요즘은 일반회사원에게도 재능이 강력하게 요구되는 추세다.

다만 큰 조직에 소속되는 것에 지나치게 의존하는 이들이 많다는 점이 문제다.

조직에 의존하기 시작하면 나만의 재능을 찾고 키우는 일은 뒷전이 되게 마련이다. 특히 일본 대기업에서 부서 배치는 오롯이 인사부의 판단으로 결정된다.

"당신은 기획 쪽을 원하는 모양이지만 경리 쪽이 더 맞는 것 같아서 경리부에 보내기로 했어요."

이렇게 인사부의 판단으로 적성이나 재능이 정해져 버리고, 하고 싶지도 않고 잘하지도 못하는 일을 하면서 하루의 절반을 회사에 바친다. 회사생활이 힘들 수밖에 없다.

이상과 현실의 괴리는 불편하다. 그래서 이러한 인지부조화를 해소하기 위해 "그래도 안정적이니까"라는 변명으로 '인지의 조화'를 꾀하는 게 우리 대다수의 모습이다.

이런 삶이 과연 행복할 수 있을까?

잘하는 일을 직업으로 삼아야 하는 이유

행복의 기준은 사람마다 다르지만, 한 가지 확실한 사실은 재능을 살려 일하는 편이 단연 즐겁고 행복하다는 점이다.

잘하는 일에 주력하니 성과가 나오기도 쉽고, 성과를 내면 자신감이 높아지고 자부심을 느낀다. 주위로부터 인정받으니 승인 욕구도 충족되고 더 잘하고 싶은 의욕이 샘솟는다. 행복한 선순환이다.

좋아하는 일을 하면 설혹 편한 길이 아니어도 보람되고 행복하다. 힘들어도 긍정적인 마음으로 기운을 낼 수 있다.

혹시 재능을 알면서도 계속 덮어두고 있지는 않은가?

그렇다면 스스로에게 거짓말을 하고 있는 것이나 다름없다. 그런 덮개는 당장 치워버려야 한다.

회사가 당신의 재능을 필요로 하지 않는다면 그것을 요구하는 다른 환경을 찾아야 한다.

대기업만 고집하지 않아도 행복을 찾을 방법은 얼마든지 있다.

 Point

우리는 모두 매일 열심히 바쁘게 살아간다. 너나없이 마찬가지다. 그러나 매일 바쁘게 산다고 해서 인생이 잘 풀리는 것은 아니다. 바쁘게 살면 삶이 나아지리라는 생각은 근거 없는 낙관과 막연한 희망사항일 뿐이다.

바쁜 것과 현 상황의 타개는 전혀 다른 차원의 문제다.

지금 당신이 바쁜 이유는 자신의 출세만 생각하는 상사가 무리하게 일을 시켜서일지도 모른다. 그렇다면 당신에게는 플러스가 아니라 마이너스다.

당장 눈앞의 일에만 초점을 맞추면 시야가 좁아져 중요한 것을 알아차리지 못한다. 진심으로 삶이 나아지기를 바란다면, 스스로의 행동이나 판단을 객관적인 시점에서 철저히 분석해야 한다.

그런 다음 매일 스스로에게 진지하게 자문하라.

오늘 하루가 더 나은 내일로 이어지고 있는가?

재능이 수입으로
이어지도록 하는 법

"재능은 누구에게나 있다. 문제는 어떤 재능인지 알아낼 때까지
시행착오를 반복할 수 있느냐 없느냐다."

-조지 루카스

재능으로 돈을 벌 때 행복해진다

이 책의 주제는 재능을 폭발시키는 것이다.

우리는 모두 먹고살기 위해 돈이 필요하므로 재능의 폭발
이란 재능이 수입으로 이어지도록 하는 것을 뜻한다.

그림을 잘 그리든, 말을 유창하게 잘하든, 청소를 잘하든 그
것으로 돈을 벌지 않으면 재능이 폭발했다고 할 수 없다.

그렇다면 재능을 수입으로 이어지도록 하는 것이 중요한
이유는 무엇일까?

궁극적으로 그것이 행복한 인생이기 때문이다. 하기 싫고 잘하지도 못하는 일이 아니라 재능으로 돈을 벌 때 우리는 행복하다. 그것이 목표가 돼야 한다.

재능을 폭발시키지 않는다면 수십 년의 긴 회사생활을 견뎌낸다 해도 안정된 노후가 보장된다고 볼 수 없다. 앞으로 상황은 더욱 나빠질 것이다.

세계에서 가장 고령화가 빠른 일본은 계속 늘어나는 고령자에게 들어가는 사회보장비용 때문에 만성적인 재정난을 겪고 있다. '노후 파산'이라는 말도 자주 들린다. 사오십 년을 견뎌낸 끝에 맞는 결말이 노후 파산이라면, 그것만큼 슬픈 일이 또 있을까.

직장생활의 단점은 수입의 천장이 눈에 보인다는 것이다. 그 천장은 생각보다 낮고, 가혹하게도 매년 낮아진다.

반면 독립해서 재능을 곧장 수입으로 변환하면 그 천장은 사라진다. 물론 얼마의 수입이 생기느냐는 노력에 달렸지만, 일단 천장이 없어진다는 사실이 중요하다.

게다가 요즘 같은 인터넷 시대에는 회사를 그만두지 않고도 자신의 재능을 시험해보거나 기술을 갈고닦을 방법이 수없이 많다. 어쩔 수 없다고 생각하지 말고 적극적으로 시도해볼 필요가 있다. 길은 얼마든지 있다.

부업으로 재능을 시험해보자

우리 대부분은 스스로에게 어떤 재능이 있는지 잘 모른다. 그러니 다양한 부업에 도전해서 재능을 시험해보자.

예를 들어 지금까지 쌓은 경력이나 전문적인 경험에서 얻은 노하우로 돈을 벌고 싶다면, '비자스쿠(visasq)'라는 웹사이트를 방문해보라. 주말에 의뢰인을 직접 만나거나 전화로 하는 집중 컨설팅으로, 1시간 동안 기업 컨설팅을 하고 5천 엔(약 50만 원) 이상의 사례를 받을 수 있다.

직접 만든 공예품이나 취미로 수집한 물건을 인터넷으로 판매할 수도 있다. 손쉽게 판매 공간을 만들 수 있는 서비스인 '베이스(BASE)'를 이용하면 30분 내로 판매 사이트를 개설할 수 있다. 등록비와 운영비 무료에 판매 수수료도 매우 저렴하다.

스마트폰 애플리케이션으로는 벼룩시장을 이용할 수 있는 '메루카리(mercari)'나 핸드메이드 상품을 취급하는 '민네(minne)' 등이 있다.

글을 잘 쓴다면 블로그를 개설해도 좋다. 방문자가 늘고 인기가 높아지면 관련 업체와 제휴를 맺거나 광고를 게재하여 수익을 낼 수 있다.

'노트(note)'라는 사이트에서는 개인이 창작한 그림이나 글, 음악 등의 콘텐츠를 원하는 가격으로 판매할 수 있다. 수수료는 10퍼센트이며, 이 사이트를 이용해 자신의 창작물을 판매해서 매달 수백만 원을 버는 사람도 있다.

 Point

자, 이제 방법을 알았으니 당장 행동에 옮겨보자.

막연하게 생각만 하고 있으면 의욕이 생기지 않는다. '의욕 스위치'라고 불리는 뇌의 측좌핵은 행동해야 자극을 받기 때문이다. 그저 바라보고만 있으면 어느새 귀찮아지고 무기력해진다.

생각만 하지 말고 손발을 움직여 실제로 활동을 시작해야 의욕 호르몬인 도파민이 분비된다. 이는 현대 뇌과학이 밝혀낸 사실이다.

관심 있는 일, 좋아하는 일, 잘하는 일을 행동으로 옮겨보는 건 재능을 시험해볼 좋은 방법이다. 그러니 되도록 많은 부업에 도전해보자.

$\overset{\circ\circ}{\frown}$

내가 하고 싶은 일이
곧 세상의 수요다

"세상이 필요로 하는 것과
당신의 재능이 만나는 지점에 천직이 있다."
-아리스토텔레스

정리 변태에서 정리 컨설턴트로

세계 39개국에 번역 출간된 베스트셀러《인생이 빛나는 정리의 마법》의 저자 곤도 마리에는 '정리 컨설턴트'로서 단번에 이름을 알린 작가다.

곤도는 어린 시절 아주 조용하고 눈에 띄지 않는 아이였다. 다만, 엄마에게 '정리 변태'라고 불릴 만큼 일찍부터 정리광이었다. 초등학교에 들어가서도 정리 습관은 변하지 않아서 학급의 정리정돈 담당을 자진해 맡을 정도였다.

그러다가 중학교 3학년 때 다쓰미 나기사가 지은 《버리는 기술》이라는 책을 읽고 신선한 충격을 받는다.

이후 그녀는 청소와 정리에 더 푹 빠졌다. 그리고 자신만의 노하우를 확립해 대학교 2학년 때는 이미 스스로를 정리 컨설턴트라고 소개하고 다녔다.

대학교를 졸업한 뒤 영업사원으로 취직해서는 고객의 사무실까지 나서서 정리해주었고, 고객들은 아주 만족스러워했다. 이런 성공 경험을 양식 삼아 이 길을 걷기로 결심하고 회사를 나와 정리 컨설턴트로 독립하여 지금에 이르렀다.

곤도 마리에처럼 천직을 찾으려면 어떻게 해야 할까?

우선 다음의 세 가지를 살펴봐야 한다.

- 하고 싶은 일: 다 떠나서 그냥 하고 싶은 일

- 할 수 있는 일: 현재 나의 능력이나 기술로 할 수 있는 일

- 해야 할 일: 지금 내 처지에서 꼭 해야 할 일

이 세 가지가 얼마나 겹치느냐를 기준으로 검토하면 나에게 맞는 일인지 쉽게 판단할 수 있다. 이를 'Will·Can·Must의 법칙'이라고 부를 수 있다.

예를 들어 설명하면 곤도에게 정리는 어릴 적부터 '하고

싶은 일'이었다. 그 일에 몰두함으로써 정리의 경험이 쌓이고 노하우가 생겨 '하고 싶은 일'은 '할 수 있는 일'이 되었다. 그리고 작지만 소중한 성공의 경험을 자기만의 것으로 만들면서 정리에 수요가 있다는 사실, 즉 비즈니스가 될 수 있다는 점을 깨달았다. 이제 그녀에게 정리는 '해야 할 일'이 되었다. 그렇게 해서 그녀는 독립을 단행할 수 있었다.

곤도 마리에 이전까지는 정리 컨설턴트라는 직업 자체가 존재하지 않았다. 다들 필요성에 대해서는 인지하면서도 사업으로 발전시킬 생각을 못 했기 때문이다.

먼저 하고 싶은 일을 찾아라

'하고 싶은 일', '할 수 있는 일', '해야 할 일'을 각각 원으로 그려보라. 그런 다음 세 개의 원이 얼마나 겹치는지, 하나의 원에 가까워지는지를 보라. 그러면 나의 적성, 재능, 보람의 정도를 알 수 있다.

이 세 가지 가운데 재능과 가장 관련이 깊어 보이는 것은 '할 수 있는 일'이다. 그래서 가장 눈이 가게 마련이다. 하지만 가장 중요한 것은 '하고 싶은 일'이다.

내가 할 수 있는 일이라도 좋아하지 않으면 마음이 내키지 않지만, 하고 싶은 일을 하면 뇌에서 쾌락과 의욕의 원천인 도파민이 분비되기 때문이다. 즉 의욕적으로 행복하게 일할 수 있다. 그래서 지금은 비록 평범한 수준이라 해도 남들보다 열정적으로 집중해서 노력하게 되므로 자연스레 '할 수 있는 일'로 발전한다.

'하고 싶은 일'을 '할 수 있는 일'로 강화해나가는 것, 이것이 가장 합리적인 재능 계발의 지름길이다.

 Point ─────────────────────

여기서 우리가 기억해야 할 점이 있다. '해야 할 일'은 기본적으로 남에게 도움이 되고 남이 기뻐하는 일이라는 조건을 만족해야 한다는 점이다. 다시 말해 비즈니스로서 수요가 있느냐가 중요하다. 감사의 말이나 칭찬을 들으면 승인욕구가 채워지고, 그러면 '하고 싶은 일'을 할 때와 마찬가지로 뇌에서 도파민이 분비된다.

취미가 공부인 아이들을 보면, 부모나 교사에게 칭찬받은 일을 계기로 공부를 좋아하게 된 경우가 많다.

또 처음에는 '해야 할 일'에 불과했지만, 어느새 '하고 싶은 일'로 바뀌는 경우도 많다. '하고 싶은 일', '할 수 있는 일', '해야 할 일'이라는 세 개의 원이 겹쳐질 때, 내 재능은 싹을 틔워 무럭무럭 자라난다.

미루는 버릇이
당신의 재능을 고갈시킨다

"나 자신에게 기대할 때
우리는 비로소 무언가를 할 수 있게 된다."
- 마이클 조던

꿈을 이루는 사람에게 나중은 없다

그 일에 재능이 있는지 없는지는 모르겠지만, 어린 시절 좋아해서 몰두했던 일에 다시 한번 도전해보고 싶다는 마음을 품고 있는 사람이 생각보다 많다.

이를테면, 학창 시절 만화책을 좋아해 스토리 만화를 직접 그리곤 했지만 스토리를 엮어나가는 실력이 늘지 않아 만화가가 되기에는 역부족이었다. 그런데 요즘은 에세이 만화라는 장르도 인기를 끌고 있으니 재밌는 소재로 다시 도전하고 싶다고 생각한다.

혹은 대학생 때 제법 본격적인 밴드 활동을 하면서 즐거웠던 기억이 있기에, 다시 한 번 동년배 친구들과 밴드를 결성해 인디 레이블에서라도 앨범을 내고 싶어 할 수 있다.

이런 마음이 드는 건, 계속 미련이 남을 만큼 좋아하는 일이기 때문일 것이다. 하지만 현실이 힘들고 인생이 잘 풀리지 않아서일 수도 있다. 사회인이 돼서 어릴 적 포기한 꿈을 되돌아보는 건, 지금 하는 일이 만족스럽지 않기 때문은 아닐까? 그래서 자꾸 딴생각을 하는 건 아닐지.

그게 아니라 정말로 다시 하고 싶은 일이 있다면 지금 당장 실행하는 결단력이 필요하다. '언젠가', '나중에'라는 말로 꿈을 질질 끄는 건 그 일에 재능이 없다는 말밖에 안 된다.

만화가 이시카와 준은 메이지대학교를 졸업하고 토요타 자동차에 입사했다. 또 다른 만화가 히로카네 켄시도 와세다대학교를 나와서 마쓰시타전기산업(현 파나소닉)에 입사했다. 하지만 두 사람 모두 꿈을 포기할 수 없어서 바로 회사를 그만두고 만화가의 길을 선택했다.

두 사람은 퇴로를 마련해두지 않았다. 자신감도 자신감이려니와 상당한 각오가 있었다는 뜻이다.

물론 이시카와와 히로카네처럼 남들이 부러워하는 직장을 그만두고 당장 꿈을 찾아 나오기는 쉬운 일이 아니다.

그렇더라도 최소한 지금 시작할지, 아니면 포기할지는 결정해야 한다.

당장 하지 못할 바에는 깨끗이 접는 편이 낫다. 재능을 갈고닦아 폭발시키려면 어느 정도 시간이 필요하기 때문이다.

차라리 다른 재능을 찾는 편이 빛나는 인생을 사는 데 도움이 될 것이다.

자기효능감을 높이는 다섯 가지 방법

어떤 과제 앞에서 '나는 할 수 있다'는 확신이 들 때가 있다. 미국의 심리학자 앨버트 반두라는 이를 자기효능감이라고 이름 붙였다.

도중에 문제가 생기더라도 '나라면 극복할 수 있다', '나는 할 수 있다'라는 생각은 우리로 하여금 결단하게 하고, 도전하게 하고, 노력하게 한다.

자기효능감은 성공의 열쇠다.

이런 자기효능감을 높이는 다섯 가지 방법이 있다.

- **달성 체험:** 과거에 내가 노력해서 목표를 달성했던 경험을 떠올려 곱씹는다.
- **대리 체험:** 다른 사람의 성공 과정을 잘 관찰해서 '나도 할 수 있다'라는 인식을 가진다.
- **언어적 설득:** 목표를 달성할 수 있는 이유를 논리적으로 생각하고 언어로 나 자신을 충분히 설득한다.
- **정서적 고양:** 열정을 불러일으키는 드라마를 보거나 성취욕구를 자극하는 성공담을 읽는다.
- **상상:** 나의 성공 과정을 시뮬레이션해서 뇌에 선명하게 새긴다.

이 다섯 가지 모두 자기효능감을 높이는 효과적인 방법이다. 아침에 일어나서, 혹은 잠자기 전에 시간을 정해서 해도 좋고 틈틈이 해도 좋다. 성공을 향해 나아가는 데 큰 도움이 될 것이다.

 Point

우리에게 의욕을 일으키는 보상은 두 가지다.

하나는 돈, 명예, 지위 같은 사회적 보상(외부 보상)이고, 다른 하나는 기쁨, 즐거움, 유쾌함 같은 감정적 보상(내부 보상)이다.

이러한 보상이 주어질 때 우리는 의욕을 내고 열심히 달려가는데, 특히 재능은 내부 보상과 깊은 관계가 있다. 뭐가 됐든 좋아하는 일을 하고 싶은 것이다. 그 의욕과 열정이 제대로 결실을 맺으면 외부 보상은 자연히 따른다.

하지만 단지 외부 보상 때문에 열심히 달린다면 곧 쓰러지고 만다. 또 내부 보상이 부족하면 좌절하기 쉽다. 그래서 재능과 마주할 때는 내 마음의 소리에 귀를 기울여야 한다.

감동은 재능을 꽃피우는 원동력

"인생이란 자전거와 같다.
쓰러지지 않으려면 나아가야 한다."
-알베르트 아인슈타인

내가 느낀 감동을 다른 사람에게로

아름다운 풍경, 맛있는 음식, 기분 좋은 음악, 재미있는 영화, 감명 깊은 책…….

우리는 자기가 느낀 감동을 다른 사람에게 전하고 싶어 한다. 누구에게나 타인과 감동을 공유하고 싶은 심리가 있기 때문이다.

그 마음이 커지면 이번에는 내가 그 주체가 되고 싶어진다.

만화가, 소설가, 영화감독, 가수, 연예인 가운데는 어릴 때

접한 작품이나 스타로부터 받은 감동이 계기가 되어 자신도 다른 사람들에게 감동을 주고 싶은 마음에 재능을 꽃피운 예가 많다.

후지오카 라이코는 고등학교 시절 오토바이를 처음 타보곤 그 매력에 흠뻑 취했다. 오토바이에 감동한 나머지 그는 오토바이를 실컷 탈 수 있는 직업을 갖기로 마음먹었다. 그래서 학교를 졸업하고 바로 퀵서비스 기사가 되었다.

그의 첫 번째 재능은 오토바이 업계에서 두각을 드러냈다. 6년간 양껏 오토바이를 타다가 스물여섯 살에 독립하여 퀵서비스 사업을 시작했고, 서른네 살에는 프랑스와 이탈리아에서 스쿠터를 수입하는 사업에 뛰어들었다. 그러나 여기까지는 시작에 불과하다.

오토바이 수입을 시작하면서 그는 이탈리아의 한 스쿠터 제조사 사장과 개인적으로도 어울리게 되었는데, 영어가 서툴러서 답답함을 느꼈다. 그래서 필리핀 세부에 있는 어학원으로 유학을 가서 영어를 배우기로 했다.

하지만 사업 때문에 영어를 공부하기도 쉽지 않았다. 결국 세부와 일본을 왔다 갔다 하며 지낼 수밖에 없었다. 일본에서 일하다가 여유가 좀 생기면 세부로 날아가 일주일 정도 공부하고, 다시 일본에 돌아와서 일하다가 짬이 나면 세부에 다녀오는 생활을 반복했다.

불편함을 뼈저리게 느낀 그는 아이디어를 하나 떠올렸다.

당시에는 널리 보급돼 있지도 않던 스카이프를 이용해 원격으로 수업을 듣는 것이었다. 그는 곧장 필리핀 교사 네 명에게 컴퓨터를 제공하고, 일본에 있는 동안은 스카이프로 영어회화 수업을 들었다.

화상 수업의 편리함에 그는 크게 감동했다. 굳이 영어를 배우러 외국까지 가지 않고도 집에서 편리하게 공부할 수 있다는 걸 다른 사람들에게도 알리고 싶었다. 자신이 받은 감동을 나누고 싶었다.

이것이 큐큐잉글리시의 시작이었다. 큐큐잉글리시는 현재 전 세계 1만 명 이상의 이용자가 온라인으로 연결된 필리핀 최대 어학원으로 자리 잡았다.

감동했다면 즉시 행동하라

후지오카 라이코의 재능은 사업을 보는 뛰어난 안목 그리고 확실한 행동력이다.

만일 그가 고등학교 때 오토바이가 아니라 컴퓨터 프로그 래밍을 접하고 감동했다면 분명 IT 기업 경영자가 되었으리 라. 생물 수업에 흥미를 느꼈다면 생명공학 기업을 설립했을 지도 모른다.

중요한 것은, 무언가에 감동해서 '이 감동을 모두가 느꼈 으면 좋겠다', '이 길로 나아가고 싶다'라는 생각이 들었을 때 곧장 행동으로 옮기는 것이다.

신규 사업은 먼저 시작한 사람이 이기는 법이다. 따라서 아이디어가 떠올랐을 때 즉각 행동으로 옮길 수 있다는 건 매우 큰 강점이다.

감동은 동기를 자극하고, 행동은 더 큰 의욕과 힘을 불러 일으킨다. 당신의 마음을 움직이는 무언가를 만났을 때, 바 로 그때가 재능을 폭발시킬 기회일지 모른다.

 Point

대학생이 기업에서 일정 기간 일하는 인턴 제도가 있다. 그런데 이 경험을 통해 그 회사에 감동하는 학생도 있고, 자신에게 맞지 않는다고 느끼는 경우도 있다.

이 정도 비즈니스 모델이라면 나도 성공시킬 수 있다는 생각으로 얼마 동안 일한 뒤 독립해서 회사를 차리는 사람도 적지 않다.

정보통신업계에서는 흔한 일이다. 특히 이 업계는 먼저 시작한 사람이 이기는 곳이다.

학창 시절 인턴이나 각종 아르바이트를 경험하는 것이 좋은 이유는, 감동을 먼저 발견할 수 있기 때문이다. 여러 가지 일에 도전해 보면 남들보다 감동을 만날 기회도 많아지고, 그 감동으로부터 번뜩이는 재능도 끌어낼 수 있다.

시행착오로
뜻밖의 재능을 찾아내라

"진실 가운데는 개인적인 경험을 통해
비로소 진정한 뜻을 이해할 수 있는 것이 많다."
-존 스튜어트 밀

경험해보지 않으면 모른다

자신에게는 이렇다 할 재능이 없다고 생각하는 사람이라도, 직업적 적성에 관해서는 대략 자신의 성향을 파악하고 있는 법이다. '난 치밀한 계산을 못해서 경리 쪽은 안 돼', '말주변이 없고 내향적인 성격이니까 영업직은 안 맞아' 하고 말이다.

하지만 이는 근거 없는 착각일 수도 있다.

대졸 신입사원으로 입사해서 경리부에 배치된 한 사람이 있었다. 그는 적성에 맞지 않는 일 때문에 괴로워했다. 그런데 어느 날 문득 부기와 회계에 흥미가 생겨 더 공부하고 싶은 생각이 들었다. 이런 생각에 그치지 않고, 그는 당장 실행에 옮겼다. 다시 대학에 들어간 것이다.

그렇게 낮에는 회사에서 일하고 저녁에는 야간대학에서 공부하면서 그는 세무사 자격증을 땄고 지금은 뛰어난 세무사로 활약하고 있다.

또 한 사람은 말재주도 없고 내성적인 성격으로 건설회사 영업직으로 들어갔다. 10개월 동안 그의 영업 실적은 전무했다. 심각하게 이직을 고민하던 11개월째, 마침내 처음으로 계약을 따냈다. 이후 그의 영업 실적은 계속 향상됐고 전국 최고 실적을 올리기까지 했다.

비결이 뭘까? 바로 질문이었다. 말주변이 없는 대신 그는 고객의 요구를 정확히 파악하는 질문 방법을 연구했다. 그랬더니 고객 쪽에서 더 적극적으로 말하기 시작했고, 그것이 수주로 이어진 것이다.

이들은 자신이 가진 재능을 모르다가 뜻밖에 발견하게 된 사례다.

이런 예는 우리 주변에서 흔히 볼 수 있다. 그러니 부딪쳐 보지도 않고 지레 겁부터 먹을 필요는 없다. 실제로 해보면 생각보다 적성에 잘 맞을 수도 있고, 숨겨진 엄청난 재능을 발견할 수도 있다.

다만, 충분한 기한을 정해놓고 그때까지 요령이 늘지 않는 다면 그 분야에 재능이 없다는 사실을 인정하고 단념하는 편 이 좋다. 그래야 다른 재능을 찾을 기회를 얻을 수 있다.

최종적인 판단을 내릴 때는 그 일을 할 때 즐거운지, 보람 을 느끼는지를 기준으로 하면 된다. 우선해야 할 가장 중요 한 기준이다.

시행착오를 통해 내 재능을 빨리 깨닫는다

한편 원하던 직업을 가졌는데도 천직이라고 느껴지지 않 는 경우도 있다. 잠재된 재능과의 괴리가 선명히 드러나는 것이다.

예를 들어, 방송사에 제작 스태프로 들어가 마침내 PD로 승진한 사람이 있다. 그러나 그의 하루하루는 피로와 허무함 의 연속이었다. 쉴 새 없이 프로그램을 제작하고 시청률 경쟁에 시달리면서 직업에 대한 회의가 들었다. 그러다 우연한 기회에 자신이 정말로 하고 싶은 일은 오락성 강한 프로그램이 아니라 보도색 짙은 다큐멘터리 제작이라는 걸 깨달았다. 결국 그는 방송사를 나와 논픽션 작가가 되어 승승장구했다.

출판사 편집자 가운데도 작가가 보내온 원고를 읽다가 답답함과 아쉬움을 느끼는 사람이 적지 않다. 실은 다른 사람의 글을 편집하는 게 아니라 직접 글을 쓰고 싶었던 것이다. 편집자 출신 작가가 많은 이유가 여기 있다.

이쿠시마 지로, 이로카와 다케히로, 시이나 마코토, 다카키 노부코 등 수많은 쟁쟁한 작가들이 이에 해당한다. 생각나는 대로 나열한 것이 이 정도이고, 편집자 출신 작가는 이밖에도 수없이 많다.

지금 하는 일이 하고 싶었던 일과 다르다면 답답하게 마련이다. 하지만 직접 겪어봄으로써 재능을 시험할 수 있기 때문에 결코 시간낭비가 아니다.

진짜 재능을 찾기 위한 시행착오라면 오히려 이득이다.

까닭 없이 기피하던 일이든 오랫동안 원하던 일이든, 직접 경험해보는 것이 중요하다.

재능이 있는지 없는지 아는 간단한 방법이 있다. 지금 하는 일이 즐거운지 되돌아보는 것이다. 작은 진보에도 기쁘고, 더 하고 싶은 마음이 생기는지 봐야 한다.

'지친다. 질린다. 그만두고 싶다.' 이것은 뇌의 거부반응이다. 아무리 애써도 즐겁지 않은 일을 하면 성과도 오르지 않고 막다른 골목에 몰리게 된다.

그렇기에 지금 행복하지 않다면, 이직이라는 선택지를 생각해보는 것도 인생을 즐겁게 살아가기 위해 필요한 일이다.

타고난 재능,
리더십을 계발하라

"행동이 따르지 않는 상상력은 아무 의미도 없다."

–찰리 채플린

리더의 재능은 어떻게 발견되는가

리더십은 엄연한 재능이다. 이런 솔선수범형 재능은 타고난 성격과 성향, 자라온 환경의 영향을 많이 받는다. 그렇다면 리더십이라는 재능이 어떻게 생기는지 살펴보자.

싸고 맛있는 이탈리안 레스토랑 하면, 일본에서는 사이제리야가 제일이다.

1,000개 이상의 점포가 있는 이 체인점의 창업자이자 회

장인 쇼가키 야스히코는 사이제리야를 일본 최고의 외식 체인업체로 만든 명경영자로 알려져 있다. 사이제리야는 또 과학적 경영과 직원을 존중하는 회사로 이름이 높으며, 사회공헌을 목표로 하는 기업철학으로도 유명하다.

쇼가키 회장의 책《맛있어서 잘 팔리는 것이 아니다, 잘 팔리는 것이 맛있는 요리다》와 여러 잡지 인터뷰 기사를 보면, 그는 어릴 적부터 덕이 높은 어머니의 가르침을 받아서 그 영향이 컸다고 말한다.

그의 어머니는 사정이 딱한 고아를 집에 들여 친자식과 차별하지 않고 오히려 더 소중하게 키웠다.

그의 성실함과 공평을 중시하는 자세, 훌륭한 인품에서 비롯된 리더십이라는 재능은 어린 시절부터 배양된 뿌리 깊은 것이었다.

고등학교 시절에는 자신을 아끼던 교사에게서 "너는 장래가 유망하니 공부를 열심히 해라"라는 말을 듣고 물리와 수학의 재미에 눈을 떴다. 그 덕분에 도쿄대학교 이학부 물리학과에 진학할 수 있었다.

대학 시절 우연히 아르바이트를 하게 된 곳이 바로 지바현 이치카와 시에 있는 레스토랑 사이제리야였다. 학업보다 사업에 더 흥미가 있었던 그는, 사장에게 성실함과 리더십을 인정받고 다른 직원들에게도 열렬한 지지를 얻어 가게를 양도받았다. 나이도 어리고 사회 경험도 거의 없는 대학생으로서 참으로 대담한 결단이었다.

영업은 순조롭게 이루어졌다. 그러나 7개월 차에 손님이 일으킨 난로 화재로 가게가 모조리 불타고 만다. 생각지도 못한 일로 폐업의 위기를 맞이했지만, 그는 굴하지 않고 힘을 내어 이탈리안 레스토랑으로 재기를 꾀했다.

하지만 새로 오픈한 이탈리안 레스토랑은 매일 파리만 날렸다. 그를 응원하기 위해 친구들이 가게에서 먹고 자며 무급으로 일해주었는데도 말이다. 그래서 큰맘 먹고 파격적인 저가 정책을 펼쳤다.

파격적인 변신은 통했다. 손님들은 기뻐했고 이내 사이제리야는 줄을 서야 들어갈 수 있을 만큼 인기 있는 식당이 되었다. 과학적으로 재료를 관리하여 낮은 가격을 유지할 수 있고, 직원들이 편하게 일할 수 있도록 배려하면 좋은 맛과 낮은 가격의 양립이 가능하다는 사실을 깨닫고 실행한 결과였다.

놀랍게도 사이제리야의 주방에는 식칼이 없다. 매출 목표도 잡지 않고 광고도 하지 않는다. '낮은 가격'과 '맛'이 있는 한 손님은 저절로 모여들기 때문이다.

이런 전략은 '사람을 위해, 정직하게, 친근하게'라는 사이제리야의 모토로 발전해나갔다. 1998년 기업공개 때는 전 직원 300명에게 주식을 분배해, 그의 리더십을 믿고 따라와 준 직원들에게 보답하기도 했다.

재능폭발 Point

숨은 재능을 발견하는 좋은 도구로 에니어그램이 있다.

뇌에서 분비되는 신경전달물질 가운데 대표적인 세 가지가 도파민(의욕), 세로토닌(행복), 노르아드레날린(긴장과 집중)인데, 에니어그램은 이 세 가지 호르몬의 분비량과 균형을 질문으로 추측해서 성격을 분류하는 도구다. 이 도구는 사람의 성격과 성향을 아홉 가지로 분류한다.

인터넷으로 검색해서 간단한 질문에 답하는 것만으로 성격 유형을 알 수 있으니 한번 해보기 바란다. 성향이나 성격의 영향을 크게 받는 리더십처럼, 의외의 재능을 발견할 수 있을지도 모른다.

성공을 부르는
예상치 못한 우연

"정열이란 인생에서 일어나는 하나의 우연한 사건에 불과하다.
그리고 이 우연은 뛰어난 사람의 마음에만 일어난다."

-스탕달

내 재능을 알아봐 주는 사람이 있다

인생을 살면서 적어도 한 번은 나의 재능을 알아봐 주는
사람을 만나게 된다.

"자네, 이 일을 진지하게 해볼 생각 없나?"

누군가가 이렇게 말을 걸어오는 때란, 생각지도 못한 재능
을 간파당하는 순간이다.

당신도 그런 순간이 몇 번 있지 않았는가?

모임에서 용기를 내 자기소개를 했더니 큰 기회가 찾아왔

다든지, 친구의 오디션에 따라갔다가 스카우트되어 스타가 된 예를 들어봤을 것이다. 운명적인 우연. 예상치 못한 행운. 이런 일은 생각보다 흔하게 일어난다.

스탠퍼드대학교 심리학부 존 크럼볼츠 교수는 1999년 '계획된 우발성 이론(planned happenstance theory)'을 발표해 주목받았다.

이 이론에 의하면, 성공하는 사람들은 행운을 부르는 사건과 자주 만나려고 일부러 의도적으로 계획하고 행동한다. 그저 수동적으로 우연을 기다리는 게 아니라 우연이 자주 일어나도록 적극적으로 관여하고 노력한다는 것이다.

크럼볼츠는 전 세계에서 큰 성공을 거둔 수백 명을 대상으로 성공 요인을 철저히 분석했다. 놀랍게도 그들의 약 80퍼센트는 '내 성공은 예상치 못한 우연에 의해 이루어졌다'라고 믿고 있었다. '특별한 재능이 있어서' 혹은 '열심히 노력해서' 같은 대답이 많을 것으로 예상했지만 결과는 반대였다.

그렇다. 성공의 8할은 우연이다. 다만 그 우연이 다가오기를 가만히 기다리는 게 아니라, 우연한 기회를 만날 수 있도록 스스로 다가가야 한다.

세상은 우연한 기회로 가득 차 있다

세기의 발견 가운데도 우연히 이루어진 것들이 많다.

세계 최초로 발견된 항생물질 페니실린이 그 대표적인 예다. 1928년 영국 학자 알렉산더 플레밍은 실험 중 재채기를 하는 바람에 날아간 푸른곰팡이가 샬레에 떨어져서 그 안에 담긴 포도상구균이 녹은 것을 목격했다. 이를 단서로 그는 페니실린을 발견했다. 실제로는 녹은 게 아니라 구균의 활성을 저해한 것이었지만 말이다.

전자레인지는 1945년 한 미국 기업의 레이더 기술자 퍼시 스펜서가 레이더 조작 중에 주머니 속 초콜릿 바가 녹은 것을 보고 힌트를 얻어 발명되었다.

녹슬지 않는 금속 스테인리스는 1912년 영국 기술자 해리 브리얼리가 합금 실패작으로 내버려 둔 크롬 섞인 철이 녹슬지 않고 햇빛에 반짝이는 걸 우연히 본 것에서 시작되었다.

1866년 노벨은 액체가 새어 스며든 포장재를 보고 니트로글리세린 같은 위험물질도 무언가에 흡수되면 위험하지 않다는 걸 깨달았다. 이것이 다이너마이트 발명으로 이어졌다.

크럼볼츠 교수에 의하면 우연한 기회를 부르는 다섯 가지 방법은 다음과 같다.

- 호기심: 끊임없이 새로운 배움의 기회를 찾아다닌다.
- 지속성: 실패에 굴하지 않고 계속한다.
- 낙관성: 다음 기회를 기대하는 긍정적인 마음을 가진다.
- 유연성: 고집을 버리고 신념과 태도, 행동을 유연하게 바꾼다.
- 모험심: 결과를 두려워하지 않고 행동으로 옮긴다.

무슨 일을 하든 "재밌겠는데!" 하고 도전하는 거침없는 자세가 중요하다.

재능은 언제 어떻게
폭발할지 알 수 없다

"우리는 모두 매년 다른 인간이 된다.
평생 하나의 인간으로 살아가는 게 아니다."

-스티븐 스필버그

전혀 다른 방향으로 재능이 폭발하기도 한다

우리 안에는 수많은 재능이 잠들어 있다. 그리고 그 재능은 사람마다 질도 양도 제각각이다.

또 스스로 발견한 재능을 발휘하기로 결심한다 해도, 수많은 '우발적 기회'가 작용해 그 재능은 전혀 다른 방향으로 폭발할 수 있다.

인기 밴드 사잔올스타즈의 멤버 쿠와타 케이스케는 중학

교와 고등학교 시절 내내 시간만 나면 볼링장에 다녔다. 쿠와타는 항상 고득점을 기록했고, 친구들은 물론 스스로도 훗날 프로 볼링 선수가 되리라고 확신했다.

하지만 머지않아 볼링 유행은 시들해졌다. 아오야마가쿠인대학교에 진학한 그도 볼링 대신 밴드 활동에 푹 빠졌다.

볼링을 칠 때 뇌에서 분비되던 의욕과 쾌락의 호르몬 도파민이, 대학에 가서는 음악 활동을 할 때 나오게 된 것이다.

배우 다카시마 레이코는 십 대 때부터 자동차 광이었다. 그래서 고등학교를 졸업하고 들어간 첫 직장도 자동차 관련 회사였다. 레이코는 그곳에서 사무직으로 일하며 아마추어 자격증을 따 카레이서로 활동했다.

스물세 살 때부터는 자동차경주에 필요한 돈을 모으기 위해 레이싱 모델로 일하기 시작했다.

이를 인연으로 그녀는 연예기획사에 들어가게 되었고, 스물다섯 살에 배우로 데뷔해 재능을 폭발시켰다. 그리고 2001년에는 일본 아카데미 우수 여우조연상을 수상하며 배우로서의 재능을 꽃피웠다.

각본가 제임스 미키는 어릴 때부터 배우가 되고 싶었다.

연극배우 양성소 오디션에 합격한 미키는 고등학교를 중퇴하고 연극의 길로 들어선다. 그러나 2년 만에 가망이 없다고 판단하고 양성소를 그만두었다.

스무 살, 그는 다시 도전한다. 신인 가수를 뽑는 음반회사의 오디션에 응시했고, 결국 합격해서 가수가 되었다. 하지만 단 한 곡의 노래도 히트시키지 못하고 클럽 무대를 전전하며 밑바닥 생활을 한다.

그렇게 13년간 무명 가수로 살다가 서른세 살에 작가의 길로 방향을 틀었다. 이듬해 그는 각본가로 영화계에 화려하게 데뷔한다.

각본가로서 재능을 폭발시킨 그는 NHK 드라마 〈독안룡 마사무네〉로 대하드라마 사상 역대 최고의 시청률을 기록했다.

재능이란 어떤 일을 계기로 꽃피울지, 어디에 숨어 있을지 아무도 모른다.

재능을 꽃피우는 시기는 각각 다르다

훌륭한 재능 전환을 이뤄낸 또 한 명의 인물로 야마나카 신야를 들 수 있다.

야마나카는 고베대학교 의학부를 졸업하고 정형외과 의사가 되려고 했다. 하지만 수술 실력이 형편없었다. 오죽하면 별명이 '자마나카(거치적거린다는 뜻 - 옮긴이)'였을까.

그는 전공의 시절부터 지도교수에게 심하게 질책을 당하곤 해서 자신은 임상 의사에 맞지 않는다는 사실을 잘 알고 있었다. 결국 야마나카는 임상 수련의에서 연구자의 길로 방향을 바꾸었다.

그렇게 나라 첨단과학기술대학교 조교수로 일하며 iPS세포 생성 기술을 개발할 수 있었고, 2012년 노벨 생리학 및 의학상을 수상한다.

그는 '금세 또 새로운 것을 찾는 변덕스러운 성격'이라고 자신을 평가하지만, iPS세포를 연구할 때는 밤을 새워가며 열정적으로 일했다고 한다. 분명 끊임없이 새로운 성과를 올리면서 다량의 도파민이 분비되었을 것이다.

 Point ────────────────────────────

재능을 대하는 우리의 자세에는 유연함이 필요하다. 반드시 하나

의 재능만 고수할 필요는 없다.

또 나의 재능으로 그럭저럭 성공했다고 만족하지 않는 자세도 필요하다. 만약 더 이상의 가능성을 기대하기 어렵다면, 다른 재능으로 전환하는 편이 좋다.

어느 정도 성공했던 경험은 다음 재능이 꽃피는 데 가속도를 내게 하는 기폭제가 된다. 뇌에 저장된 성공의 체험은 반드시 우리를 다음 성공으로 이끈다.

작은 것부터 시작해서
큰 그림 그리기

"부는 작은 노력이 큰 성과를 낳을 때 따라온다.
가난은 큰 노력이 작은 성과밖에 못 낼 때 따라온다."
—조지 데이비드(미국 의사)

나만의 콘텐츠를 만들어라

재능을 폭발시켜 크게 성공한 이들을 보면 정말 대단하게 느껴진다. 어떻게 그처럼 대단한 성공을 이뤄낼 수 있었을까?

하지만 알고 보면 시작은 미미했던 경우가 많다. 경쟁이 적은 마이너 분야에서 재능을 갈고닦아 메이저 분야로 나가 마침내 큰 성공을 이뤄낸 것이다. 로마가 하루아침에 이루어지지 않았듯이 말이다.

아키모토 야스시가가 좋은 예다. 그의 직업은 참으로 다채롭다. 작사가, 방송 작가, 만화 원작자, 문필가, 종합 프로듀서, 각종 협회 임원, 대학교수…….

아키모토는 작사가로 활동하는 동시에 연예계를 석권한 아이돌 그룹 AKB48, SKE48, NMB48, HKT48, 노기자카46, 케야키자카46의 프로듀서를 맡고 있다. 인도네시아와 중국에서도 프로듀서로 활약 중이다.

일본 연예계에서는 전례가 없는 대단한 존재로, 매년 수십억 원의 막대한 수입을 올리는 것으로 알려져 있다.

하지만 그런 그도 하루아침에 지금 같은 재능을 폭발시킨 건 아니었다.

고등학교 시절, 대입 시험공부를 하면서 아키모토가 꼭 듣는 라디오 방송이 있었다. 그는 재미 삼아 그 방송 출연자를 주인공으로 해서 헤이케 모노가타리(비파 연주와 함께 낭송되었던 중세 일본의 낭송문학. '맹인 비파법사'들에 의해 전파되어, 글을 못 읽는 서민들에게 많은 환영을 받았다-옮긴이)를 패러디해 친구에게 보여주었다.

친구의 반응이 좋자 그는 더욱더 용기를 얻어 그 작품을 방송사에 보냈다. 그랬더니 어느 날 연락이 왔다. 그 이야기를 재미있게 읽은 라디오 방송 스태프가 스튜디오에 놀러 오라고 초대한 것이다.

방송사를 몇 번 드나드는 사이에 그는 방송 대본을 쓰는 일에 푹 빠져버렸다. 주오대학교에 입학해서도 방송 대본 쓰는 일은 계속되었다. 방송 대본 집필만으로 그는 이미 대졸 초임 급여의 네 배가 넘는 돈을 벌고 있었다. 그때부터 날카로운 기획의 재능을 발휘했던 것이다.

집필에 전념하고 싶어 그는 대학교를 그만두고, 방송 작가로서 여러 프로그램을 구성해 히트시켰다. 그리고 방송 작가일 뿐만 아니라 작사에도 손을 뻗는다.

이후 활동 영역을 점점 넓혀 AKB48 같은 아이돌 그룹을 선보이며 대성공을 일궈냈다.

규모가 작고 경쟁이 적은 라디오 업계에서 시작해 재능을 갈고닦아 폭발시킨 것이다.

인터넷 시대에는 매력도 재능이다

2016년 전 세계 유튜버 가운데 가장 높은 수익을 올린 사람이 누군지 아는가?

바로 스웨덴 출신 유튜버 퓨디파이다.

2016년에 퓨디파이가 벌어들인 돈은 자그마치 161억 원이 넘었다.

비디오 게임을 하면서 괴성을 지르거나 농담을 던지고 기묘한 말을 하며 절규하는 그의 모습을 보려는 구독자가 5천만 명을 돌파했다고 하니 놀라울 따름이다.

그가 특별히 게임을 잘하는 것은 아니다. 퓨디파이라는 사람 자체를 좋아하는 팬이 많아지면서 엄청난 인기를 얻게 되었다. 혼자서 동영상을 편집하기 때문에 밑천도 게임을 하는 데 들어가는 비용뿐이다. 투자한 비용에 비하면 가히 천문학적인 수입이다.

이 밖에도 장난감을 가지고 즐겁게 노는 영상이나 이상한 음식을 먹는 이색 동영상 등 '대체 왜 이런걸?' 하고 의문이 드는 동영상 콘텐츠라도 일단 화제가 되면 눈 깜짝할 사이에 팬이 생겨 큰돈을 벌어들일 수 있다. 그만큼 유튜브의 세계는 넓어졌다. 일본에도 한 해 수백만 원부터 수천만 원을 벌어들이는 유튜버가 속속 늘고 있다.

처음 시작은 모두 미미하다. 그러니 용기를 내 나만의 콘텐츠를 만들어 유튜브에 올려봐도 재미있겠다.

재능을 폭발시키고 싶은 분야가 있다면, 발을 들이기 쉬운 곳부터
공략하는 게 정답이다.

회사원의 경우에도 경쟁이 치열한 대기업에 들어가기는 어렵다.
하지만 앞으로 성장할 분야를 개척하는 중소기업이 있다면, 그곳
부터 시작해서 대기업으로 이직하는 것도 좋은 방법이다. 실제로
그렇게 하는 이들이 많다.

재능도 마찬가지다. 들어가기 쉬운 마이너 분야를 통해 그 세계
에 입문해서 재능을 갈고닦는 길도 있다. 처음부터 메이저에 진출
하겠다는 목표는 현실성이 떨어진다. 꿈을 크게 꾸되 실천은 작은
것부터 하는 편이 좋다.

갑자기 찾아올 '우발적 기회'를 잡아라!

역경을 만났을 때야말로
재능을 발견할 기회다

"고난이란 최선을 다할 절호의 기회다."

-듀크 엘링턴(재즈 작곡가)

역경 앞에서 솔직해지기

도쿄대를 나왔다고 하면 고위 공무원이나 대기업 임원으로 출세하는 이미지를 떠올리는 이들이 대부분이지만, 도쿄대 출신 중에서도 실패하고 좌절하는 사람이 수없이 많다.

그러니 명문대 출신이라는 간판에 연연할 것 없다. 좋아하는 일, 하고 싶은 일을 찾아 재능을 폭발시키는 데 명문대 간판은 필요 없다.

입시학원 인기 강사에서 연예계로 진출해 이름을 알린 하야시 오사무도 도쿄대 법학부 출신이다. 대학 졸업 후 다들 부러워하는 일본장기신용은행(신세이은행의 전신)에 취직했지만, 장래가 불투명한 은행의 현실에 실망하여 몇 달 만에 퇴사한다.

그 후 3년 동안 다양한 업종으로 창업을 시도해보나 번번이 실패하고, 급기야 도박에 빠져 2억 원 가까운 빚을 짊어지게 된다.

그러던 중 하야시는 자신의 특기가 공부를 가르치는 일이라는 점을 깨닫고 가정교사 아르바이트를 시작한다. 엄마들 사이에서 성적 올려주는 선생님으로 인기가 많아진 그는, 그후 입시학원 토신하이스쿨에서 수학과 현대문학 강사로 일하며 명성을 얻었다.

2009년에는 학원 TV 광고에 출연해 "언제 할까? 지금 당장!"이라는 멘트를 크게 유행시켰다. 이를 계기로 여러 방송에 출연하게 되면서 쇼 프로그램 진행자로 현재에 이르렀다.

역경을 만나 자신에게 솔직해지면, 재능을 발견할 기회가 찾아온다.

빛의 늪에서 빠져나온 마케팅의 귀재

이와 비슷한 예로 또 한 사람, 가네모리 시게키를 소개한다. 그 역시 도쿄대를 나왔지만 고위 관료나 대기업 엘리트가 되기를 거부하고 억만장자의 야망을 품는다. 하지만 큰 야망과 달리 현실은 프리터(freeter, 'free'와 'arbeiter'의 합성어로 직업 없이 아르바이트만으로 살아가는 사람 - 옮긴이)였다. 게다가 큰 빚까지 지고 만다.

가네모리의 책《헤어날 수 없는 빚의 늪에서 알게 된 돈의 맛》에 의하면, 그는 1970년 오카야마현의 극히 평범한 공무원 가정에서 태어났다.

그리고 도쿄대 법학부에 입학하지만, 주위의 엘리트 의식에 질려 학교에도 가지 않고 아르바이트를 하며 도박장에 드나드는 생활에 빠진다.

그렇게 6년 만에 대학을 졸업한 후에도 프리터 생활을 지속한다.

그러던 어느 날, 그는 부모가 맡긴 현금 1억 원을 "반드시 불릴 수 있다"라는 지인의 말에 넘어가 상품선물거래에 투자한다. 아르바이트하는 가게의 부유한 사장에게도 거액의 빚을 진 그는 11개월 만에 5억 원의 손실을 내고서야 겨우 손을 뗀다.

사장에게 써준 차용증은 끝내 이자를 포함한 공정 증서로 다시 쓰게 되었고, 이자에 연체 이자까지 붙어 연 9천만 원이 넘는(연이율 24퍼센트) 규모로 이자가 불어나기 시작했다. 매년 눈덩이처럼 불어나는 빚의 늪에 빠진 것이다.

과연 이 위기를 어떻게 극복할 것인가?

그는 부동산 개발 분야를 맹렬하게 공부하기 시작했다. 그렇게 해서 기적의 대역전극을 이뤄내 결국 모든 빚을 갚고 부를 거머쥐었다.

그의 빚은 12억 원 가까이까지 불어났지만, 행정사로서 독립한 그는 '마케팅'이라는 자신의 특기 분야를 살려 폭발적인 손님 유인력으로 1년 만에 약 10억 원을 벌어들였다.

가네모리의 말에 따르면, 빚을 갚으려면 더 큰 빚을 져서라도 수익을 내야 한다. 고난이 닥치면 이런 코페르니쿠스적 전환이 떠오른다. 행정사 일로 벌어들인 10억 원의 자본에 빌린 돈을 합쳐 부동산에 투자함으로써 레버리지 효과를 높여 과감하게 부딪친 결과, 그는 투자금의 몇 배에 달하는 수익을 올렸다.

다 틀렸다고 생각했을 때, 재능은 모습을 드러낸다. 될 대로 되라는 심정으로 자신에게 솔직해지기 때문이다.

선물거래는 투기에 해당하기 때문에 가네모리는 파산 신청을 해서 빚을 없애는 것마저 불가능한 절망적인 상황이었다.

어떤 사람이라도 이런 상황에서는 대담하게 다른 사업에 투자하기가 힘들 것이다. 하지만 그는 무모하다 싶을 정도로 정면돌파를 선택했다. 이처럼 절박한 상황이 재능의 폭발을 만들어낸 것이다.

평범하게 살면
평범해질 뿐이다

"젊은 시절 인생에서 가장 중요한 것은 돈이라고 생각했다.
나이를 먹은 지금 생각해봐도 역시 그렇다."

-오스카 와일드

학교에서 배운 것은 버려라

평범한 삶이 제일이라고들 한다. 그래서 평범한 회사원이
되어 좋아하지도 않는 일을 하며 평범하게 살아간다. 하지만
하고 싶지 않은 일을 하면 성과가 나오지 않는다. 하루하루
스트레스만 쌓여간다.

이렇듯 숨은 재능을 찾아 활용하지 않으면 평생 돈과는 인
연이 없는 인생을 살게 된다. 이제는 당신도 이 말을 이해할
수 있을 것이다.

사실 평범한 삶이란 존재하지 않는다. 어떤 인생이든 기복이 있는 법이다. 안정된 신분, 안정된 지위, 안정된 직업이라는 것도 존재하지 않는다. 그저 있다고 믿고 싶은 것뿐이다.

학교에서 배우는 건 결국 '열심히 공부해서 좋은 학교에 들어가 안정적인 직장을 잡는 방법'이다. 성실하고 협동심 있는, 근면한 노동자를 생산하는 곳이 바로 학교다.

부모나 교사가 가르쳐주는 건 안정이라는 환상을 좇는 방법일 뿐이다. 어떻게 하면 재능을 발휘할 수 있는지, 어떻게 해야 부자가 될 수 있는지는 가르쳐주지 않는다.

부자와 재능의 관계는 얼마나 될까

상식적으로 생각할 수 있는 범주 안에서 부자가 되는 방법에는 여덟 가지가 있다.

- 부자인 부모에게서 유산을 물려받는다.
- 부자와 결혼한다.
- 높은 임금을 받으며 일한다.
- 부업으로 돈을 번다.

- 투자로 성공한다.

- 창업하여 성공한다.

- 스포츠, 연예 등 남다른 능력으로 성공한다.

- 발명, 특허 등으로 돈을 번다.

어떤가? 부자가 될 수 있을 것 같은가? 아니면 불가능하다고 느껴지는가?

결론부터 말하면, 재능을 발휘하면 모두 실현할 수 있다.

첫 번째 방법부터 보자. 부모가 가난하더라도, 자식이 없는 부자의 눈에 들어 양자가 되면 실현할 수 있다.

부자와 결혼하는 것 역시 부자의 마음을 얻어 사랑을 받으면 가능해진다. 이 또한 어떤 면에서는 재능에 달렸다.

재능이 없다고 생각해서 포기하면 평생 돈과 인연이 없는 삶을 살게 될 뿐이다.

재능을 잘 활용하면 누구나 부자가 될 수 있다. 그리고 재능은 누구에게나 있다. 단지 재능을 발견하지 못하고, 발견하더라도 활용하지 못할 뿐이다.

당신에게는 훌륭한 재능이 있다. 그걸 찾아내서 갈고닦아 폭발시켜야 한다. 부모나 교사가 하는 말에 고분고분 따르기만 하다 보면 재능을 발휘하지 못한 채 인생이 끝나고 만다.

부모나 교사가 반대하는 것에 기회가 숨어 있다.

크레디스위스증권에서 발표한 '2015 세계 부 보고서(Global
Wealth Report 2015)'에 의하면, 금융 자산과 부동산까지 포함한
순 자산이 10억 원 이상인 사람은 일본에 212만 명밖에 없
다. 일본 인구의 1.6퍼센트밖에 되지 않는다.

한 번 사는 인생, 자기만의 재능으로 자산 10억 원 정도는
쌓아야 하지 않을까?

 Point ──────────────────────────────

학교에서는 국어, 수학, 과학, 사회 등의 과목을 싫어하고 잘하지
못하면 '열등생'이라는 꼬리표가 붙는다. 물론 공부를 잘하면 좋겠
지만, 학자나 연구자가 될 생각이 없다면 공부를 못한다고 열등감
을 가질 필요는 없다.

게다가 학자나 연구자는 엘리트일 수는 있어도 반드시 부자인 건
아니다. 더러는 노후에 빈곤을 겪기도 한다. 당신만의 재능을 빨
리 발견해서 키우는 것이 무엇보다 중요하다.

Chapter 2

지금 나만의 재능을
찾기 위해 알아야 할 것들

어린 시절 좋아했던 것에
재능이 숨어 있다

"자신에게 맞지 않는 일은 당장 그만두고
열정을 쏟을 만한 일을 발견할 때까지 계속 찾아다녀라."

-래리 엘리슨(오라클 공동창업자)

두근거렸던 경험 속에 재능이 있다

어린 시절을 떠올려보자. 몇 살 때든 상관없다.

무엇을 할 때 가장 즐거웠는가? 가장 열중한 대상은 무엇
이었는가?

이런 추억이나 경험 속에 재능이 숨어 있는 경우가 많다.

좋아하는 일이나 자신 있는 일을 하면 의욕을 불러일으키
는 호르몬인 도파민이 뇌 내에 분비된다. 도파민은 쾌락을
느끼게 함으로써 그 일을 계속하도록 잠재의식을 자극한다.

발명왕 에디슨은 초등학교에 입학해서 교사에게 "1 더하기 1은 왜 2가 되나요?" 같은 질문을 연달아서 했다. 교사는 '뇌가 썩었다'며 크게 꾸짖었고, 결국 다른 학생에게 민폐라는 이유로 석 달 만에 퇴학당했다. 그러나 퇴학당한 뒤에도 그는 왕성한 호기심으로 독학을 했다. 특히 화학 분야에 몰두해서 의문을 하나하나 해소해나갔다.

그가 백열전구를 만들기 위해 1,200번의 실험을 거듭한 이야기는 이미 많은 사람이 아는 유명한 예화다. 그의 뇌에는 늘 도파민이 분비되었을 것이다.

버스 마니아 야마모토 히로아키는 어린 시절부터 버스를 좋아했다. 성인이 되어 가업인 양조장 일을 도우면서도 야마모토의 버스 사랑은 계속됐다. 그래서 개인 버스를 장만했다. 하지만 그것만으로는 만족하지 못해 아예 버스 회사를 차렸다. 회사 이름은 '은하철도 주식회사.' 야마모토는 이 작은 회사의 사장이자 버스 기사로서 노선버스와 전세버스 사업을 하고 있다.

어린 시절 관심을 두고 호기심을 품었던 대상, 가슴이 두근거렸던 일에는 우리를 움직이는 힘이 있다.

야단맞은 경험에도 재능이 숨어 있다

당신은 어렸을 때 어른 말을 잘 듣는 '착한 아이'였는가, 아니면 반항적인 '나쁜 아이'였는가?

어린 시절 다음과 같은 경험을 한 적이 있는가?

- 접근이 금지된 위험한 강이나 연못에 친구와 몰래 놀러 갔다가 들켜서 혼나곤 했다.
- 수업 시간에 친구와 떠들어서 자주 꾸중을 들었다.
- 가정통신문에 늘 주의가 산만하다고 적혀 있어서 부모님께 야단을 맞았다.

하지 말라고 하면 더 하고 싶어지는 현상을 심리학에서는 칼리굴라 효과라고 한다.

잔혹한 로마 황제 칼리굴라를 그린 영화가 보스턴시에서 상영이 금지되자 시민들이 다른 지역까지 가서 영화를 관람한 데서 유래한 말이다.

호기심이 왕성할수록 칼리굴라 효과는 강하게 나타난다. 이런 경향이 짙은 아이는 어른이 돼서 모험적 리더십을 발휘한다.

수업 중에 친구와 떠들기를 좋아했던 아이는 사람을 사귀는 능력이 탁월하다고 볼 수 있다.

주의가 산만하다는 건 흥미와 관심이 쉽게 옮겨 다닌다는 뜻이며, 이는 관심의 폭이 넓다는 의미다.

뇌과학자 모기 겐이치로의 초등학교 시절 가정통신문에는 주의가 산만하다는 말이 빠지지 않았다. 이제 그는 자신의 주의 산만함이야말로 연구와 TV 출연, 집필, 강연 등 여러 가지 일을 동시에 진행하는 원동력이 된다고 스스로 분석하고 있다.

 Point

언뜻 단점같이 보여도 모든 일에는 양면성이 있다.

단점은 곧 장점이 되기도 한다. 단점이라고 믿었던 것이 실은 재능일 수 있다. 그것을 깊이 파고들면 재능은 빛을 발한다.

맞지 않는 일을 해봤자 재능을 망칠 뿐이다.

좋아하는 일을 하고 싶지만 찾지 못해서 어쩔 수 없이 맞지 않는 일을 하고 있는가?

그렇다면 당신은 아무것도 할 수 없는 이중 구속(double bind) 상태에 처해 있는 셈이다.

이중 구속이란 꼼짝도 할 수 없는 정신 상태다. 서로 모순되는 요구를 동시에 받을 때 우리는 이런 상태에 처하게 된다.

가령 냉담한 부모가 자녀에게 "너는 내가 반갑지도 않니?" 하며 팔을 벌리고, 자녀는 부모에게 안긴다. 하지만 그 순간 부모가 그 상태를 불편하게 느낀다면 자녀는 이중 구속 상태에 빠진다. 안기지 않으면 부모를 반가워하지 않는 게 되고, 안기면 부모를 불편하게 만드는 것이 되므로 이러지도 저러지도 못하는 것이다.

맞지 않는 일을 하는 건 이와 마찬가지다. 이러지도 저러지도 못하는 상태. 여기서 벗어나려면 나에게 맞는 일을 찾아 나서는 수밖에 없다.

남들보다 훨씬
잘할 수 있는 일에 주목하라

"성공하는 사람은 끊임없이 움직인다.
실수를 저지르기도 하지만 절대 멈추지 않는다."

-콘래드 힐튼(힐튼호텔 창업자)

빨리 할 수 있다는 건 재능이 있다는 뜻이다

당신은 남들보다 빨리할 수 있는 일이 몇 가지나 있는가?

• 숫자에 강해서 계산이 빠르다.

• 글을 빨리 쓸 수 있다.

• 컴퓨터 조작이 빠르다.

• 말이 빠르다.

• 남을 금방 설득할 수 있다.

- 책을 빨리 읽는다.
- 계획한 것을 바로바로 실행한다.

속도가 빠르다는 건 그 분야에 재능이 있다는 의미다.

무언가를 빨리하려면 일의 본질을 신속하게 파악해야 하기 때문이다. 즉 어디에 중점을 두고 어디를 생략할 것인가 하는 요령을 이해하고 있다는 뜻이다.

계산이 빠른 사람은 숫자에 대한 이해가 빠르고 숫자를 능숙하게 다룬다.

글을 빨리 쓰는 사람은 표현해야 하는 본질을 파악해 문장을 구성하는 요령이 뛰어나다.

컴퓨터 조작이 빠른 사람은 컴퓨터에 정통하고 여러 가지 기능을 많이 다뤄본 사람이다.

말이 빠른 사람은 표현의 요점을 이해하고 있으며 언어를 능수능란하게 활용한다.

남을 금방 설득하는 사람은 이성과 감정을 치밀하게 조종하며 장점을 효과적으로 강조한다.

책을 빨리 읽는 사람은 문맥을 잘 파악하고 요점을 빨리 알아차리는 능력이 있다.

계획한 것을 바로바로 실행하는 사람은 절차를 세우고 우선순위를 매기는 일에 익숙하다.

속도가 빠르다는 건 효율이 높다는 뜻이다.

속도가 느린 사람보다 흡수력도 훨씬 높다.

남보다 빠르게 할 수 있는 일이 있다면, 반드시 재능이 뒷받침하고 있는 것이다.

노력하지 않아도 잘할 수 있는 일을 찾아라

이런 능력은 타인과의 비교를 통해 깨닫는 경우가 많다.

달리기를 잘하는 학생은 유치원 때부터 발이 빨랐을 것이다. 연습을 많이 해서 잘 뛰는 게 아니라, 타고난 능력이다.

날 때부터 갖추고 있는 이런 능력에 재능이 숨어 있다.

저명한 세균학자 노구치 히데요는 청년 시절의 방탕한 일화로도 유명하지만, 속도를 중시하는 독특한 연구 방식으로도 유명하다. 방대한 논문과 자료를 수집해서 경이로운 속도로 읽고 실험을 복수로 시행해서 '실험 기계'라고 불렸다. 이런 연구 방식은 수많은 업적으로 이어졌다.

다나카 가쿠에이 전 총리는 초등학교 졸업이라는 학력에

도 불구하고 숫자에 강해서 계산이 빨랐다. 연설할 때도 도쿄대 출신 수재 관료들을 앞에 두고 수치 자료를 제시하며 발군의 설득력을 보여주어 '컴퓨터 달린 불도저'라는 별명까지 얻었다.

재능폭발 Point ─────────────────────

남보다 빨리 할 수 있는 일에 주목해야 한다. 당신의 재능이 그곳에 잠들어 있을 가능성이 높다.

타인의 기분을 빠르게 눈치 채고 신경 쓰거나 배려하는 것도 재능이다. 서비스의 질을 높여 더 나은 서비스를 제공할 수 있다.

남보다 빠르게 할 수 있는 분야에서 재능을 키우면, 재능은 반드시 폭발한다.

우리가 다른 사람의 비판을
신경 써야 하는 이유

"미움은 적극적인 불만이고 질투는 소극적인 불만이다.
따라서 질투가 미움으로 바뀌어도 이상한 일이 아니다."

-괴테

비판은 내게 질투를 느낀다는 증거다

비판받는 것을 좋아하는 사람은 없다. 자신의 존재를 부정당하는 것처럼 느껴지기 때문이다.

그런데도 우리는 종종 다른 사람을 비판한다. 그렇다면 우리는 왜 남을 비판할까?

질투하거나 위협을 느끼기 때문이다.

나보다 잘될 것 같은 사람을 보면 기를 꺾고 싶고, 무언가 나를 불안하게 만드는 요소를 없애고 싶어진다. 그래서 그를 비판한다. 하지만 그렇다고 마음이 편해지는 것은 아니다. 불안하고 불쾌한 감정은 그대로 남아 있다.

그렇기에 다른 사람을 비판하지 않도록 노력해야 한다. 그 사람이 아니라 나 자신을 위해서다.

질투하고 위협을 느끼지 않는 것이 중요하다.

1960년대, 대여점용 만화를 그리던 만화가들이 잡지 만화 계에 대거 진출하여 사실적인 화풍의 '극화 열풍'을 일으켰 다. 만화의 신이라고 불리는 데즈카 오사무는 이때 질투와 위협을 느껴 슬럼프에 빠졌다. 만화 역사에 길이 남을 거장 조차 이런 감정을 느끼며 자신과의 싸움을 이어갔다. 질투하 고, 위협을 느끼는 것은 재능을 가로막을 뿐이다.

물론 쉽지 않은 일이다. 인간은 적이나 자연의 위협에 부 정적으로 반응함으로써 생존해왔기 때문이다.

가령 우리는 지금까지 없던 참신한 것, 대담한 것, 신기한 것을 마주하면 놀란다.

'놀람'은 다음 감정으로 이행하기 직전에 나타나는 초기 반응으로, 긍정적이지도 부정적이지도 않은 중립적인 감정 이다.

그런데 심리학자 폴 에크먼에 의하면, 놀람에 이어 나타나 는 기본적인 감정은 다음과 같다.

• 놀람 → 분노, 공포, 기쁨, 슬픔, 혐오, 경멸

물론 후회나 실망, 기대 등 그 밖의 감정도 많지만 에크먼은 생존에 직결되는 감정만으로 한정했다.

이 기본적인 감정 가운데 기쁨만이 무언가를 얻었을 때 나타나는 즐거운 감정일 뿐 나머지는 모두 불쾌한 감정이다. 분노는 적과 싸우기 위한 감정이고, 공포는 도망가기 위한 감정이며, 슬픔은 상실한 것의 가치를 측정하기 위한 감정이다. 혐오는 오물이나 위험을 회피하기 위한 감정이고, 경멸은 집단행동의 규칙을 세우는 데 도움이 되는 감정이다.

이처럼 부정적인 감정반응 덕분에 살아남을 수 있었다. 이런 생존 본능으로 인해 우리는 자기보다 잘난 사람을 보면 위협을 느끼고 그를 비판한다. 하지만 이는 재능을 꽃피우는 데 아무 도움도 안 된다. 재능에 회의감이 들어 긍정적인 미래를 보지 못하고, 비관적으로 변하기 때문이다.

비판받는 것에 재능이 잠재돼 있다

그렇다면 우리가 비판을 멀리해야 하는 이유는 무엇일까?

질투심 때문에 남을 공격하거나 위협을 느껴 상대를 짓밟으려 하는 것이 비판의 본질이다.

인상파 화가 르누아르가 처음 빛과 그림자로 인물의 피부색을 표현했을 때, 사람들은 "부패한 살점 같다"며 혹평했다. 하지만 나중에는 "훌륭한 음영 표현으로 피부의 질감을 생생하게 나타냈다"며 평가가 바뀌었다.

다이소의 창업자 야노 히로타케는 도산한 기업의 재고 상품을 싸게 사들여 트럭에 싣고 다니며 팔았는데, 일일이 가격표를 붙이기 귀찮아서 전 품목을 100엔에 판매했다. 한 대형 슈퍼마켓마켓 담당자는 "그렇게 뒤죽박죽으로 상품을 팔아서 잘될 리가 없다"라고 비판했지만 다이소는 큰 성공을 거두었다.

편의점처럼 높은 접근성과 다양한 저가 상품이 불황 속에서 소비자들의 마음을 사로잡았기 때문이다.

비판하지 말되 비판받는 것에 대해서 두려워할 필요는 없다. 오히려 비판받는 그것에 나도 모르던 재능이 숨어 있을 가능성이 높다.

Point

좋아서 하는 일, 하고 싶어서 하는 일, 즐거워서 하는 일에 대해
남들이 비난하더라도 낙담할 필요는 없다. 그 일에 엄청난 재능의
씨앗이 묻혀 있다는 뜻이니 말이다.

우리는 위협이나 질투를 느끼면 공격적으로 변한다. 나보다 대단
한 재능을 가졌기 때문에 공격해서 없애고 싶은 것이다.

비난을 받았다면 기회가 온 것이다. 그 분야에서 꾸준히 갈고닦으
면 재능을 폭발시킬 수 있다.

벼랑 끝에 서면
비로소 보이는 것들

"위대한 사람은 아무리 불행하고 괴로워도
묵묵히 참고 견딘다."

-베토벤

밑바닥이야말로 새로운 재능을 찾을 기회다

잘될 거라고 생각해서 대담하게 도전한 일이 실패로 돌아
가면, 누구나 절망감을 느낀다. 믿었던 사람에게 사기를 당
하거나 건강을 자신하다가 갑작스럽게 병마가 찾아오는 경
우도 마찬가지다.

당신이 지금 그런 절망의 구렁텅이에 빠져 있다면, 새 인
생을 살기 위한 재능을 발견할 기회가 온 것이다.

우연한 발견, 즉 찾던 것이 아닌 다른 가치를 깨닫는 것을

세렌디피티라고 한다. 절망이나 실의에 빠졌을 때 우리는 세렌디피티처럼 문득 재능을 깨닫는다. 이제껏 경험한 적이 없을 정도로 마음과 영혼이 격렬하게 흔들린 결과다.

3M의 연구원 스펜서 실버는 강력한 접착제를 개발하려다가 아주 약한 접착제가 만들어져 좌절한다. 그런 접착제를 누가 거들떠보겠는가. 하지만 6년 후, 동료 연구원 아트 프라이는 종이 한쪽에 이 접착제를 발라 책갈피로 사용하는 방법을 떠올렸다. 이렇게 탄생한 포스트잇은 대성공을 거두었다.

피아니스트 니시카와 고헤이는 중학생 때 피아노를 처음 시작했다. 상당히 늦은 나이였기에 니시카와는 남들의 몇 배나 되는 노력을 쏟아야 했다. 그렇게 그는 음대에 진학했고, 마침내 뉴욕에서 활약한다.

그러나 2001년, 난치병 디스토니아(dystonia, 근긴장이상증)에 걸려 손가락을 움직일 수 없게 되었다. 피아니스트에겐 사형 선고나 마찬가지였다. 수많은 의사가 그에게 다시는 피아노를 칠 수 없다고 말했다. 하지만 그는 힘든 재활 치료를 거쳐 오른손 다섯 손가락과 왼손 엄지와 검지, 총 일곱 개의 손가락을 움직일 수 있게 된다. 그리고 일곱 손가락으로 피아노를 치는 주법을 고안해서 멋지게 부활에 성공했다.

노숙생활 중에도 포기하지 않고 찾아낸 재능

　노숙인으로 전락한 상황에서 세렌디피티를 경험한 사람이 있다. 지식 공유 사이트 오케이웨이브를 창업해 큰 성공을 거둔 가네모토 가네토가 그 주인공이다.

　가네모토는 1966년 나고야에서 재일한국인 3세로 태어났다. 어린 시절부터 몸이 약했고, 초등학교 5학년 때는 재일한국인이라는 출신이 알려져 심한 따돌림을 당하기도 했다.

　이후 그는 아이치현립예술대학을 졸업하고 디자이너로서 수많은 상을 휩쓴다. 가족도 돌아보지 않고 일에만 몰두해 얻은 성과였다. 이윽고 미국에서 디자인 회사를 세울 기회를 얻지만, 설립 직전에 동료의 배신으로 좌절되고 모든 것을 잃는다.

　엎친 데 덮친 격으로 아내까지 이혼을 요구한다. 1997년, 아내와 별거하게 된 그는 공원과 지하철역을 전전하는 노숙인으로 전락한다.

　그러나 그는 2년간의 노숙생활 중에도 지하철역 화장실 전원으로 컴퓨터를 켜서 독학으로 웹디자인을 익혀 소소하게 돈을 벌었다. 가네모토 가네토의 대단한 점이다.

　그러던 어느 날 인터넷 게시판에 일에 관련된 질문을 던졌다가 다른 이용자에게 매몰차게 비난을 당하고 쫓겨난다. 그때 그는 인터넷상에 자유롭게 질문하고 서로 답변해주는 사이트가 없다는 사실을 깨닫는다. 그런 사이트를 스스로 만들고자 창업한 것이 오케이웨이브의 시작이었다.

재능폭발 Point

입시 실패, 취업 실패, 사업 실패, 연애 실패……. 인생의 역경은 다양하고, 우리는 언제든 밑바닥까지 추락할 수 있다. 하지만 성실함을 잃지 않는다면 그 속에서도 번뜩이는 아이디어를 얻는다.

경영의 신이라고 칭송받는 마쓰시타전기산업 창업자 마쓰시타 고노스케는 다음과 같은 말을 남겼다.

"더는 방법이 없다고 생각하지 마라. 스스로 벼랑 끝에 서라. 그때 비로소 새로운 바람이 분다."

극한의 상황에 몰리면, 동물적 본능은 스스로를 구하기 위해 평소와 다른 힘을 발휘한다. 좌절과 절망은 오히려 재능을 꽃피울 절호의 기회가 될 수 있다.

부모의 재능을 통해
내 재능을 발견할 수 있다

"무언가를 시작하는 건 무서운 일이 아니다.
정말로 무서운 건 아무것도 시작하지 않는 것이다."

-마이클 조던

DNA를 따라가면 잘하는 게 보인다

내게 어떤 재능이 잠재돼 있는지 더듬어 찾을 때는, 부모
나 조상으로 거슬러 올라가 보는 것도 좋다.

이를테면, 의사 집안이나 음악가 집안처럼 대대로 같은 일
에 종사하는 집도 많다. 부모가 일하는 것을 보고 자란 자식
이 같은 길을 걷는 케이스다.

일단 부모부터 관찰해보자. 부모의 현재 직업뿐 아니라 어

머니, 아버지가 젊은 시절에 어떤 꿈을 지니고 있었는지 알아보면 반드시 얻는 게 있다. 실제로 부모가 좇던 꿈을 자녀가 그대로 이어받은 사례도 많다.

싱어송라이터 우타다 히카루는 음악 프로듀서 우타다 데루자네와 가수 후지 게이코의 딸이다. 가수 모리야마 료코의 아들 모리야마 나오타로 역시 싱어송라이터다.

배우 미쿠니 렌타로의 아들 사토 코이치도 배우로 활동하고 있다. 이 밖에도 코미디언 사카이 슈지의 아들인 탤런트 사카이 마사아키, 가부키 배우 마쓰모토 고시로의 딸인 배우 마쓰 다카코 등 거론하자면 끝이 없다.

학계에서는 부모와 자녀 모두 노벨상을 받은 예도 있다. 마리 퀴리는 노벨 물리학상을 남편과 동시 수상했고 화학상도 받았다. 그녀의 큰딸 이렌 졸리오 퀴리 역시 남편과 함께 노벨 화학상을 받았다.

스포츠계에는 올림픽 해머던지기 선수 무로후시 시게노부와 아들 무로후시 고지, 역도선수 미야케 요시노부와 조카 미야케 히로미 등이 있다.

형제간에 영향을 주고받아서 같은 길로 나아가 성과를 올린 예도 많다. 프로 골프선수인 오자키 형제(마사시, 다테오, 나

오미치)와 미야자토 형제(기요시, 유사쿠, 아이)가 있고, 바이올
리니스트인 고토 미도리와 남동생 고토 류도 유명하다.

이런 경우는 같은 DNA를 물려받았을 뿐만 아니라 어린 시
절부터 받은 영재교육의 영향도 크다. 단, DNA를 물려받지
못했다면 영재교육은 아이에게 가혹한 시련일 뿐이며, 유감
스러운 결과를 낳을지도 모른다.

감춰져 있는 후천적 재능도 있다

안타까운 건 우수한 재능을 타고났지만, 어른이 되기 전에
재능을 고갈시키는 경우다.

어린 시절, 남보다 노력하지 않아도 무언가를 잘해내면 어
른들의 주목을 받고 칭찬을 듣는다. 하지만 이는 오히려 해
가 될 수 있다.

20년에 걸친 방대한 조사로 성공심리학 연구의 초석을 다
진 스탠퍼드대학교 심리학부 캐럴 드웩 교수는 저서 《마인
드셋》에 다음과 같이 썼다.

"너는 머리가 좋구나' 하고 어른들은 아이의 자질이나 능력

을 악의 없이 칭찬하지만, 칭찬받은 아이는 그로 인해 경직된 사고를 갖게 된다. 자신의 위치나 지위를 지키려고 위험을 회피하며 일부러 학습 속도를 늦추려고 할 수도 있다.

능력이나 재능은 타고나는 것이 아니다. 인간의 기본적인 기질은 나중에 얼마든지 신장할 수 있다. 실수를 저지르면 그것을 솔직하게 인정하고 교훈을 얻으면 그만이다. 그것만으로도 착실히 성장할 수 있다. 자신의 능력이 점점 발전한다고 믿을 때, 잠재 능력은 최대로 발휘된다."

재능에 대한 칭찬은 오히려 재능이 꽃피는 걸 가로막을 수도 있다. 칭찬받지 못하는 상황이 두려워 어려운 과제에 도전하지 않고 쉬운 것만 하려 들기 때문이다. 따라서 칭찬은 노력에 관한 것이어야 한다. 이런 의미에서 후천적 재능은 충분히 계발할 수 있다. 중요한 것은 노력이다. 선천적인 재능도 갈고닦지 않으면 꽃피우기 어렵다.

Point

재능을 부모나 조상에게서 물려받은 사례보다 그렇지 않은 사례가 더 많은 걸 보면, 캐럴 드웩의 연구 결과는 설득력이 있다.

다만, 호기심이 발동하는 대상이나 호불호의 감정은 부모나 형제와 일치하는 경우가 많다.

부모의 재능을 물려받았다면, 그 분야에서 성공할 가능성이 높으니 재능을 키우려고 노력하라.

성공한 사람의 행동을
그대로 모방하라

"내가 한 일은 대부분 타인의 모방이다.
타사로부터 배우는 것이야말로 성공하는 지름길이다."
-샘 월튼

재능 있는 사람 곁으로 다가가라

뛰어난 개성이나 재능을 가진 사람 곁에 있으면 재능을 꽃
피울 수 있게 된다. 가까이 있는 사람은 쉽게 모방할 수 있기
때문이다.

전쟁 후의 혼란함 속에서도 오사카제국대학 부속 의학전
문부에 다니며 만화가가 된 데즈카 오사무. 그는 아카혼(赤
本, 1950년대 발달한 대여점용 만화를 뜻한다. 대체로 저급한 재질에 빨

간색 표지를 사용해 빨간 책으로 불렸다 - 옮긴이)이라고 불리던 〈신보물섬〉을 발표하여 시대를 풍미했다.

이전에는 볼 수 없었던 영화 같은 묘사와 긴 스토리가 획기적이었던 이 만화가 당시 어린이들에게 미친 영향은 대단했다. 훗날 인기 만화가가 된 이시노모리 쇼타로, 후지코 후지오, 아카츠카 후지오 등 토키와장(トキワ莊, 데즈카 오사무가 입주해 작업하던 공동주택. 여러 만화가가 이곳에 입주해 재능을 갈고 닦았다 - 옮긴이) 출신을 비롯한 수많은 소년 소녀가 만화가를 꿈꾸게 되었기 때문이다.

사근사근한 성격이었던 데즈카 오사무는 만화가 지망생이 찾아올 때마다 친절하게 응대하고 격려해주었다.

그는 또 좋은 아이디어를 얻으려면 "영화를 많이 보고 명작도 읽고 좋은 음악을 들으세요" 하고 다른 분야에서 받는 자극의 중요성을 강조했다고 한다.

데즈카 오사무가 살았던 것을 계기로, 많은 신인 만화가가 모여 살게 되면서 토키와장은 야심 있는 이들이 모여드는 공간이 되었다. 이곳에서 젊은이들은 서로 자극을 주고 영향을 받으며 재능을 꽃피웠다.

모방할 때도 요점 파악을 해야 한다

정신과 의사이자 베스트셀러 작가 와다 히데키는 다음과 같이 말했다.

"주위에 성공한 사람이 있다면 그의 노하우를 하나라도 따라 해보라. 성공한 사람에게는 반드시 무언가 노하우가 있다. 따라 하는 건 결코 나쁜 일이 아니다. 성공을 직접 경험하면 사람이 바뀐다. 그러므로 남을 흉내 내서라도 성공을 해봐야 한다."

일본의 다도(茶道)나 무도(武道)에서 자주 쓰이는 말로 '슈하리(守破離)'가 있다.

먼저 형식을 지키고(守), 내게 맞는 방법을 찾아 기존의 틀을 깨고(破), 틀에서 벗어나(離) 자유자재로 응용하는 경지에 도달하는 것을 말한다. 그리고 슈하리의 처음은 흉내, 모방이다.

1976년, 야마토운수 사장 오구라 마사오는 일본 최초로 택배 시스템을 도입했다. 그는 당시 기업체 등의 대량 화물을 한 번에 운반하는 것이 가장 이득이라는 업계 상식에 의문을 품었다.

오구라는 체인점 요시노야가 소고기덮밥 하나에 특화하여 효율을 올리는 걸 주의 깊게 보았다. 또 뉴욕의 한 교차로에서 같은 운송 회사의 배송 차량이 각 방향의 도로에 네 대나 서 있는 모습을 보고, 소형 화물에 특화함으로써 배송 밀도를 높여 출발지와 도착지를 점에서 면으로 바꾸면 효율이 높아진다는 걸 깨달았다.

그래서 백화점이나 기업의 대량 화물을 거절하면서까지 소형 화물에 특화된 '택급편'을 만들었다. 그렇게 시작한 택급편은 진화를 거듭하여 큰 성공을 거두었다.

토요타의 저스트인타임(just-in-time) 시스템 창시자 오노 다이치는 미국에 가서 당시 일본에 없던 슈퍼마켓을 견학했다. 상품 진열대를 채우는 방식에서 힌트를 얻은 그는 '필요한 물건을 필요한 때 필요한 만큼' 공급함으로써 생산 효율을 획기적으로 높일 수 있다는 걸 깨닫고 '칸반 시스템'을 개발했다. 전 공정에 필요한 양의 부품만 전달해서 부품의 과다 생산을 막아 재고를 없앤 것이다.

이처럼 재능은 모방으로 꽃피울 수 있다.

Point ─────────────────────────

하고 싶은 일이 있다면 그 분야에서 성공한 사람을 따라 해보자.

흉내를 내면 되므로 0에서부터 쌓아 올리는 것보다 효율적이다.

단, 그 사람의 장점을 흉내 낸다고 반드시 내 것이 되는 건 아니

다. 검증을 습관화해 꾸준히 자신의 성장을 확인하는 것이 중요

하다.

모방하는 사이에 나만의 특별한 무언가가 생겨난다면, 재능을 폭

발시킬 수 있다.

미래를 그려보라,
거기에 내 꿈이 숨어 있다

"혹 실패한다 해도 시도한다면 20년 뒤에 웃으면서 말할 수 있다.
그러나 하지 않는다면 20년 뒤 후회할 뿐이다."

-마크 트웨인

미래를 읽는 것도 재능이다

세븐&아이홀딩스 명예 고문 스즈키 도시후미는 1973년에
일본 최초의 편의점 체인 세븐일레븐을 미국에서 도입했다.
스즈키는 POS 시스템(point-of-sales system. 바코드를 부착해 상품
정보를 중앙 컴퓨터로 전송하는 시스템-옮긴이)도 도입해서 마케팅
이나 PB상품 개발에 활용하는 등 다양한 경영 수법을 확립
했다.

그는 '가설과 검증의 반복', '변화 대응' 같은 말을 자주 사

용한다. 그의 이념을 정확히 상징하는 말이다. 다음과 같은 경영 지침에도 그의 생각이 집약돼 있다.

"다른 사람들이 하는 걸 보고 나서 시작하면 너무 늦다. 미래를 상상해야 한다. 그러면 고객이 다음엔 어떤 새로운 걸 원할지, 잠재 수요를 헤아려 발 빠르게 대응할 수 있다."

도쿄 도지사 고이케 유리코는 대학 시절 신문을 보다가 UN 공용어에 아랍어가 추가된다는 기사를 보고 아랍어 통역사가 되기로 결심한다. 그래서 학교를 그만두고 이집트로 건너가 카이로대학교에 들어간다.

졸업 후에는 몇 안 되는 아랍어 통역사로서 중동과 일본 정치가 사이에서 다리 역할을 하다가 TV 아나운서를 거쳐 정치가가 되었고 현재에 이르렀다.

번뜩이는 선견지명에 재능이 깃든다

선견지명으로 자신의 재능을 발굴하고 갈고닦아 폭발시킨 사람은 셀 수 없이 많다. 사업을 번창시킨 사람들의 공통적인 특징이기 때문이다.

소프트뱅크그룹의 창업자 손정의는 재일한국인 3세로, 1957년 사가현 도스시의 무허가 판자촌에서 태어났다. 열다섯 살에는 시바 료타로의 《료마가 간다》를 읽고 감명받아 사업가의 꿈을 안고 미국으로 떠난다. 여름방학에 귀국했을 때는 일본에 미국 맥도날드를 도입한 후지타 덴의 《유태인 상술 불변의 지혜》를 읽고 큰 감동을 받는다. 그러곤 맹렬한 노력 끝에 후지타를 직접 만나 미래의 사업에 관해 묻는다.

후지타는 이렇게 대답한다.

"앞으로는 컴퓨터의 시대가 올 걸세. 내가 자네 나이라면 컴퓨터로 사업을 하겠어."

후지타의 선견지명을 전해 받고 다시 미국으로 간 손정의는 대학에서 컴퓨터를 배운다. 대학을 졸업하기도 전에 그는 자동번역기를 고안해 샤프사에 약 10억 원에 팔고, 그 자금을 밑천 삼아 미국에서 사업을 시작한다.

그때 일본 성씨 '야스모토'를 한국 성씨인 '손'으로 고쳐 등기한다. 훗날 사업에 성공했을 때 재일한국인이라는 출신을 숨기고 성공했다는 말을 듣기 싫어서였다.

사와다 히데오 역시 선견지명의 경영자다.

그는 여행 회사 HIS와 스카이마크항공을 창업했으며, 호텔 및 증권 회사, 보험 회사를 경영했다. 경영 수완을 발휘해 18년 연속 적자였던 유원지 하우스텐보스를 반년 만에 흑자로 전환시키기도 했다.

1951년 오사카에서 태어난 사와다는 어린 시절부터 여행을 좋아했다. 독일 유학 중에는 50여 개국을 여행하면서 항공권이 지나치게 비싼 데 의문을 품게 되었다.

이 의문에서 나온 아이디어가 단체 할인 항공권을 싸게 사서 낱개로 파는 것이었다. 앞으로는 여행하는 사람들이 더 많아지고 저렴한 항공권 수요가 늘어날 거라는 선견지명으로, 그는 업계의 압력에도 굴하지 않고 창업해서 성공을 거두었다.

재능폭발 Point ────────────────────────────

선견지명이 떠오르면 기회가 온 것이다. '분명히 이렇게 될 것이다' 하고 미래를 읽었다면, 도전해야 한다.

단, 뚜렷한 미래 이미지를 그려야만 한다. 도중에 좌절하지 않기 위해서라도 이미지는 선명해야 한다. 그래야 스스로를 고무하는 힘이 솟아난다.

뇌는 선명하게 상상한 이미지와 실제로 체험한 바를 구별해서 기억하지 않는다. 따라서 선명한 이미지는 곧 현실이 된다.

낙오자일수록
뛰어난 인재인 경우가 많다

"자기 자신을 세상 누구와도 비교하지 마라.
그건 자신을 모욕하는 행위다."

-빌 게이츠

좋아하는 것에만 집중한다

어떤 분야에 특별한 재능이 있는 사람은 자신이 관심 있는 것에만 주의를 기울이는 경우가 많다. 흥미 없는 일에는 전혀 의욕이 생기지 않는다. 이 때문에 어린 시절에 지적장애아나 바보 취급을 당하기도 한다.

알다시피 발명왕 토머스 에디슨도 어린 시절에 지능이 낮다고 판단되어 초등학교에서 퇴학당했다.

상대성이론으로 20세기 최고의 두뇌, 최고의 물리학자로 칭송받는 알베르트 아인슈타인도 마찬가지였다. 1879년 독일 남부에서 한 전기 기사의 아들로 태어난 아인슈타인은 네 살까지 제대로 말을 하지 못했다. 일곱 살이 될 때까지 글자를 읽고 쓰는 것에도 서툴렀다.

하지만 다섯 살 때 아버지가 준 나침반에 유달리 관심을 보였으며, 수학에만은 흥미를 드러냈다. 대학 입시에서도 다른 과목은 합격점이 아니었지만, 수학과 물리에서 월등한 점수를 받아 재수 끝에 스위스 취리히연방공과대학교에 입학할 수 있었다. 하지만 대학에 들어가서도 흥미 있는 강의만 들었다. 그래서 교수에게 반항적인 학생으로 낙인찍히는 바람에 조교로 대학에 남고 싶었지만 거부당한다.

대학을 졸업한 아인슈타인은 강사, 가정교사로 근근이 먹고살다가 친구 아버지의 소개로 스위스 특허청의 하급 심사 기사로 겨우 취직할 수 있었다. 취직으로 생활이 안정되자 대학 동창과 결혼도 하고, 물리학에 몰두할 시간적 여유가 생겨 스물여섯 살에는 상대성이론에 관한 중요 논문을 몇 편이나 발표했다.

처음에는 학회의 주목을 받지 못했으나 그의 논문은 곧 각광을 받기 시작했다. 마침내 그는 대학교수가 되어 그토록 바라던 연구생활에 들어가 명성을 쌓았다.

낙오자에게도 재능은 있다

성공한 이들 중에는 어린 시절 낙오자였던 사람이 널렸다.

만유인력의 법칙을 발견한 아이작 뉴턴 역시 초등학교 시절 성적은 꼴찌였다. 반 아이들에게 괴롭힘을 당하면 금방 울어서 '울보 뉴턴'이라는 별명까지 있었다. 뉴턴은 친구도 없이 혼자 공작에만 몰두하던 고독한 소년이었다.

그는 고독한 성격 탓에 자기 자신과 대화하기를 좋아했는데, 이런 성향은 더욱더 연구에 집중할 수 있게 만들었다.

《종의 기원》으로 진화 과정을 밝혀낸 찰스 다윈도 초등학교 시절 학업 성적이 좋지 않았다. 벌레나 새를 관찰하거나 원예에만 빠져 있어서 엄격한 아버지에게 '유치하고 열등하며 가족의 명예를 실추시키는 존재'라는 폭언을 들을 정도였다. 이후 의사를 지망하지만 피를 보기가 싫어서 단념하고 좌절한다.

우여곡절 끝에 남아메리카로 향하는 비글호를 탑승한 그는, 갈라파고스 군도에서 부리 모양이 다른 핀치새를 발견하고 본격적으로 자연사학자의 길을 걷는다. 인류 역사상 가장 놀라운 아이디어라 칭송받는 '자연선택'에 관한 연구가 시작된 것이다.

아무리 또래보다 뒤떨어지고 학교 성적이 나쁜 아이라도 가만히 관찰해보면 반드시 무언가에 관심이 있다. 그리고 그곳에 재능의 싹이 숨어 있다. 자라면서 그 관심 분야를 깊이 파고들면 재능을 발견할 수 있으며, 노력을 통해 크게 꽃피울 수 있다.

 Point

비즈니스의 세계에서 대성공을 거둔 사람 중에도 어린 시절 낙오자였던 사람이 많다.

버진그룹 창업자 리처드 브랜슨은 어릴 적부터 글자를 자유롭게 읽고 쓸 수 없는 난독증으로 괴로워했다. 학교에 들어가서도 늘 뒤처지기만 했다. 결국 공부를 따라가지 못해 열일곱 살에 학교를 중퇴하고 창업을 했다.

영화감독이자 제작자인 스티븐 스필버그도 난독증 때문에 학창시절 내내 낙오자였다.

모범생과 괴짜 중
더 성공하는 건 누구일까

"인생이란 고독한 것. 누구도 남을 이해할 수 없다.
모두 외톨이라 혼자 걸어가는 수밖에."

–헤르만 헤세

똑같은 걸 좇지 않는 강한 정신력을 가져라

별종, 괴짜라고 손가락질을 당하는 사람에게는 특별한 고집이 있다. 주위의 반응에도 흔들리지 않는다. 이런 사람에게는 위대한 재능이 잠재돼 있을지 모른다.

예술가 지망생이 모이는 도쿄예술대학에는 괴짜들이 널려 있다. 도쿄예대에서는 2~3년 재수해서 입학하는 정도는 드문 일도 아니고, 입학 후에도 음악이나 미술에만 골몰하기 때문에 상식을 벗어난 학생들이 적지 않다. 자신만의 개성을 추구할 수 있는 자유로운 환경이라 독특한 인재들이 줄을 잇는다.

졸업생의 반은 소식을 알 수 없게 된다는 점 역시, 아무래도 그럴 수밖에 없다는 느낌이다. 남들과 똑같이 생활하면 점점 평범해지기 때문에 그들은 자신만의 방법으로 예술의 길을 탐구한다.

이처럼 예술가의 길을 걷는 이가 아니라도, 세상에는 이상한 취미나 버릇이 있거나 기이한 수집품에 열중하는 사람들이 있다.

이런 사람들의 공통점은 정신력이 강하다는 것이다. 남들이 손가락질을 하든 말든 제 갈 길을 가는 강인함이 있다. 이처럼 강인한 정신력은 굳건한 행동력을 낳고, 한 가지를 집요하게 추구하는 자세로 이어진다.

성공할 가능성이 높을 수밖에 없다.

남들의 이목을 신경 쓰면 괴로워질 뿐이다

나쓰메 소세키는 1900년 서른세 살 때 국가 지원으로 영국 유학을 떠난다. 그런데 영국의 물가가 너무 비싸서 지원받은 유학 비용으로는 매우 궁핍한 생활을 할 수밖에 없었다. 게다가 영어 교사인데도 영어가 통하지 않아 괴로웠고, 영국인보다 체격도 불리했다.

가난하고 영어도 못하며 동양에서 온 왜소한 사내. 나쓰메는 남들의 시선이 몹시 신경 쓰였다.

결국 그는 '일본인이 영문학을 공부하는 게 의미가 있는가?'라는 의문에 다다라 우울증에 걸린 채 하숙집에 틀어박힌다. 나쓰메 소세키의 상태가 좋지 않다는 소문은 일본에도 전해져 2년 만에 급히 귀국하게 된 그는 모국이 최고라는 걸 절실히 느낀다. 그리고 자신이 주위의 평판을 지나치게 신경 쓰며 답답하게 타인이 정해준 길을 걸어왔다는 사실을 깨닫는다.

이 단계에 이르자 비로소 자기 생각을 세상에 알리고 싶은 마음을 깨닫고, 《나는 고양이로소이다》를 집필한다. 고양이의 눈으로 인간사회와 지식인을 풍자한 이 작품으로 그는 발표 당시 극찬을 받았고 지금도 널리 읽히고 있다.

남들의 평가를 신경 쓰면 재능은 꽃피기 어렵다. 오히려 별종, 괴짜 소리를 들을 만큼 자신만의 태도를 지녀야 한다.

이상한 사람이라고 손가락질당하든 말든, 자신만의 방식을 포기하지 않는다면 머지않아 재능은 성장할 것이고, 어느 지점에 이르러서는 폭발할 것이다.

'나도 할 수 있겠다' 싶은
분야에 재능이 있다

"가장 비참한 건 앞날에 대한 불안감으로 인해
이미 불행해져 있는 마음이다."

-세네카

자기효능감에 자신을 맡겨라

'이 정도는 나도 할 수 있다', '어떻게든 할 수 있을 것 같다'라고 생각되는 일이 있으면 그냥 지나쳐서는 안 된다. 프로는 그 길로 나아가기 전에 반드시 속으로 그런 생각을 하기 때문이다.

프로 가수라면 아마추어 시절에 '내가 저 가수보다 목소리도 좋고 가창력도 낫다'라고 생각한 적이 반드시 있다. 프로 작가 역시 신인 시절에 다른 작가의 책을 읽고 '이 정도 작품이라면 나도 쓸 수 있다'라는 생각을 한다.

한 분야에서 프로가 된 사람은 누구나 그렇다.

'내가 더 나을지도 몰라.'

'내가 더 잘 표현할 수 있을 것 같은데……'

이런 감정이 어느 날 문득 고개를 든다.

이것이 바로 자기효능감으로, 동기를 일으키는 스위치를 눌러주는 중요한 감정이다.

이런 자신감에는 어떤 근거도 필요 없다. '가능할 것 같은데?' 하고 생각하면 그만이다. '좋아, 한번 해보자'라는 결심이 서면 마음에 불이 붙는다.

내 안에 있는 재능의 원형이 고개를 드는 순간이다. 단, 행동으로 옮기지 않으면 아무 소용이 없다. 당신이 외면하는 순간 무섭게 성장해 엄청난 폭발을 이루었을지 모를 그 재능은 영영 잠이든 채 끝난다.

근거 없는 자신감도 필요하다

할 수 있다는 자신감만으로 소설가가 되어 크게 성공한 사람을 소개한다.

모리 히로시가 그 주인공이다. 〈신선한 콘크리트의 유동 해석법에 관한 연구〉라는 논문으로 공학 박사 학위를 받은 모리는 나고야대학교 공학부 교수로 일했다. 그러다 1995년 서른여덟이던 여름방학에 문득, 아르바이트 개념으로 소설을 써서 돈을 벌자고 생각했다. 취미생활에 쓸 돈이 필요했던 것이다.

소설을 즐겨 읽지도 않았을뿐더러 작가가 되겠다는 생각도 해본 적 없지만, 사흘 뒤부터 그는 난생처음으로 소설을 쓰기 시작했다. 그렇게 일주일 뒤 소설을 완성했고, 반년 뒤 그 작품으로 문단에 데뷔했다.

할 수 있다는 생각이 들었을 때 바로 행동으로 옮겨 성과를 낸 것이다. 소설을 쓴 적도 없고, 소설 읽기를 취미로 삼아본 적도 없었는데 말이다.

이후 그는 추리소설의 새 지평을 열었다는 찬사를 받으며 인기 작가로 활발한 활동을 한다. 1996년에 데뷔해서 19년간 280권의 책을 내고(발행 부수로는 1,400만), 총수입은 약 146억 원에 달한다. 그야말로 재능의 대폭발이었다.

'나도 할 수 있을 것 같다.'

'이 정도는 나도 가능하다.'

이런 생각을 품는 분야가 있다면 바로 도전하라.

자기효능감에 근거 따윈 필요 없다. 할 수 있다고 생각하면 그만

이다. 자기효능감이 샘솟는 바로 그 일에 의외의 재능이 숨어 있

을 가능성이 높다.

단 한 사람이라도
날 지지해준다면

> "된다고 생각하면 된다. 안 된다고 생각하면 안 된다.
> 이것은 절대적인 법칙이다."
>
> -파블로 피카소

포기하지 않고 계속하는 것도 재능이다

아무리 좋아하는 일이라도 오랫동안 아무에게도 인정받지 못하면, '나에겐 재능이 없구나' 하고 포기하기 쉽다. 인정해 주고 응원해주는 사람이 없으면 의욕이 꺾이게 마련이다.

대부분의 사람이 재능에 대한 회의에 시달리다가 좋아하지도 않는 일을 단지 돈을 벌기 위해 시작하는 이유다.

반대로 격려해주는 사람이 있거나 조금이라도 보람을 느 낀다면 '좀 더 해보자', '힘을 내자' 하고 마음을 다잡게 된다.

혹시 당신을 격려해주고 지지해주는 사람이 있다면 그의 존재를 소중히 여겨야 한다. 작은 보람이라도 있다면 고맙게 생각해야 한다.

많은 경우 재능은 인고의 시간이 필요하다.

오키나와 출신 배우 나카마 유키에는 열네 살 때부터 연예인을 꿈꾸며 착실하게 노력했다. 나카마 유키에라는 이름이 전국에 알려지고 연예인으로 인기를 얻기까지는 7년이라는 시간이 걸렸다.

개그 콤비 '샌드위치맨'의 다테 미키오와 도미자와 다케시는 고등학교 때 럭비부에서 만난 사이다. 두 친구는 졸업한 뒤 콤비를 결성했는데, 만담 경연대회 M1그랑프리에서 우승하기까지 9년이 걸렸다.

츠츠미 신이치는 열여덟 살에 배우를 지망했고, 인기 배우가 되기까지는 무려 16년이 필요했다.

하루하루 성실하고 꾸준하게, 끝까지 포기하지 않고 계속 나아갈 수 있는 것도 재능이다. 그 고되고 오랜 길에 응원해주는 사람이 있다면 재능을 폭발시키는 데 큰 힘이 된다.

날 믿어주는 단 한 사람이 필요한 이유

전 세계에서 4억 부 이상 팔린《해리 포터》시리즈를 쓴 조
앤 K. 롤링. 그녀는 어린 시절부터 동화 짓기를 좋아해 늘 작
가의 꿈을 안고 살았다.

대학교를 졸업하고는 돈을 벌기 위해 안정된 직장 없이 이
일 저 일을 전전하며 살던 그녀는, 어느 날 기차 안에서 문득
한 소년의 모험담에 관한 아이디어가 떠올라 일하는 틈틈이
작품을 써 내려갔다.

롤링은 결혼하고 아이도 낳았으나 이혼에 이르렀고 생활
까지 궁핍해졌다. 우울증에 걸려 자살까지 생각할 정도로 괴
로운 나날이었다. 그런 고난 속에서 5년에 걸쳐 완성한《해
리 포터》시리즈 제1권은 너무 길어서 어느 출판사에서도 상
대해주지 않았다. 2년 뒤 어렵게 책을 냈을 때도 겨우 500부
를 찍었을 뿐이다. 초라한 시작이었다. 하지만《해리 포터》
는 차차 호평을 얻기 시작했고 결국 대성공을 거두었다.

그녀가 힘든 시간을 견딜 수 있도록 버팀목이 되어준 건,
항상 재미있다고 칭찬을 아끼지 않은 여동생이었다.

나오키상 수상 작가 야마모토 이치리키의 데뷔 전 일화도

눈물겹다.

야마모토는 고등학교 졸업 후 여러 일을 하다가 디자인 회사를 차려 성공을 거두었고, 영상 제작 회사도 설립했다. 그러나 사업이 잘 풀리지 않아 마흔여섯 살에 20억 원에 달하는 빚을 지고 끝내 도산하고 만다.

일반적인 직장에 다니면서는 20억 원이나 되는 빚을 갚기가 불가능하다고 판단하고 그는 소설을 쓰기로 결심한다. 물론 주위에서는 다들 고개를 절레절레 흔들었다. 채권자도 마찬가지였다. 소설을 써서 큰돈을 벌 수 있는 사람은 극소수에 불과할뿐더러 그가 소설을 쓸 수 있을 리 없으니 꿈도 꾸지 말라고 충고했다.

단 한 사람, 그의 아내만이 당신이라면 할 수 있다고 격려했다.

아내의 격려와 지지를 바탕으로 야마모토는 열심히 소설을 썼다. 작품이 완성되면 각종 신인상에 응모했다. 하지만 번번이 떨어졌다. 그렇게 3년이 흘러 마흔아홉 살이 되던 1997년, 마침내 《창룡》이라는 작품으로 제77회 올요미모노 신인상에 입상한다. 그렇지만 다음 작품을 발표한 것은 2년이나 지난 뒤였다. 출판사에 보낸 원고가 되돌아오는 나날이 계속되었기 때문이다.

그 후 집필 활동이 간신히 궤도에 오른 2002년, 쉰세 살에 그는 《진홍빛 하늘》로 제126회 나오키상을 수상한다. 소설을 쓰기 시작한 지 7년째 되던 해의 일이었다.

 Point _____

나를 인정하고 지지해주는 사람이 있을 때, 우리는 용기를 얻는다.

"괜찮아, 꼭 인정받을 거야."

"반드시 성공할 거야."

이런 말을 들으면 자신감이 회복되고 다시 시도할 수 있다.

피그말리온 효과(Pygmalion effect) 덕분이다.

다른 사람의 격려뿐만 아니다. 내가 나를 격려해도 그것은 잠재의식에 침투해 반드시 효과를 나타낸다.

○̇ ○̇

당장 행동하라,
늦었다고 생각하는 그때

"무언가를 달성하고 싶고 꿈을 좇고 싶은 마음에
나이는 아무 상관이 없다."

-그렉 노먼(프로골퍼)

재능 발견에 너무 늦은 때란 없다

젊을 때 싹을 틔우는 재능이 있는가 하면, 나이를 먹으면서 차츰 모습을 드러내는 재능도 있다. 연차가 쌓여 사회 경험이 많은 쪽이 유리한 경우도 많다.

본업은 스타일리스트지만 부업으로 '아저씨 대여'라는 서비스를 시작한 니시모토 다카노부도 늦은 나이에 사업을 시작했다. 아저씨 대여는 1시간에 약 1만 원으로 웹사이트를 통해 아저씨를 빌려주는 서비스다. 대여료 외에 아저씨의 교통비와 식대는 고객이 부담한다.

홈페이지를 들여다보면 독특한 이력을 자랑하는 아저씨들이 많다. 이들을 '빌려 가는' 고객은 3할이 남성, 7할이 여성이다. 얼핏 수상하게 보이지만, 고민 상담 등의 목적으로 찾는 사람이 많으며 다들 진지하게 이용한다.

등록된 '아저씨'는 운영자인 니시모토와의 면접시험에서 합격한 사람뿐이다. 입회비와 월 등록료는 각각 10만 원 정도로 대부분 취미 삼아 이 일을 한다.

등록한 아저씨가 100명이라면 매출액은 연간 약 130만 원 × 100명 = 1억 3,000만 원이니 꽤 짭짤한 수익 구조다. 사업 시작 당시에는 고객이 없어 개점휴업 상태였지만 '아저씨 대여'라는 기발한 이름으로 미디어에 소개되고 나서부터 인기를 얻었다.

이러한 아이디어 사업을 성공시키는 것도 훌륭한 재능이다. 요즘은 인터넷의 힘을 이용해 손쉽게 재미있는 사업을 시작할 기회가 넘쳐난다. 그만큼 재능을 폭발시킬 기회도 많아졌다.

재능이 깨어난 그 순간이 가장 젊은 때다

아무리 나이가 많아도 얼마든지 재능을 발견하고 폭발시킬 수 있다. 나이에 연연하면 그만큼 기회를 놓치기 쉽다.

이노 다다타카는 쉰여섯부터 일흔셋까지 전 일본을 돌아다니면서 지도를 만들었다.

닛신식품 창업자 안도 모모후쿠가 세계 최초의 인스턴트 라면 '치킨 라멘'을 발명했을 때 그의 나이는 마흔아홉이었다. 안도는 1910년 대만에서 태어나 어린 나이에 부모를 여의고 조부모의 손에 자랐다.

스물두 살 때는 아버지의 유산을 밑천으로 사업을 시작한다. 그는 일본과 대만의 무역에 관여해 성공을 거두지만, 패전 후 마흔일곱 살에 무일푼이 되고 만다. 이사장으로 있던 신용조합이 도산하면서 부채를 떠안았기 때문이다.

그러나 그는 또 다른 일에 도전한다. 집 뒤뜰에 임시 건물을 지어놓고 라면을 연구하기 시작한 것이다. 그렇게 그는 인스턴트 라면을 발명해 폭발적인 인기를 끌었고 일본 컵라면의 대표 격인 '컵누들'을 탄생시켰다.

맥도날드를 세계로 뻗어 나가게 한 레이 크록은 고등학교 중퇴 후 이런저런 일을 전전했다. 그러다 효율적인 조리 시스템으로 햄버거를 만들어 파는 맥도날드 형제를 만나 프랜차이즈 권리를 얻었다. 그렇게 해서 가게를 낸 때가 쉰두 살, 맥도날드의 전 상권을 사들여 체인화에 나선 게 쉰일곱 살 때였다.

KFC 창업자 커넬 샌더스는 가난한 모자가정에서 태어났다. 샌더스는 열 살 때부터 농장에서 일하기 시작해 여러 가지 일을 하다 삼십 대 후반에 주유소를 차린다.

주유소가 잘되자 옆에 작은 카페를 지어 음식을 팔기 시작했는데, 그곳에서 판 것이 압력솥으로 조리한 프라이드 치킨이었다. 하지만 고속도로가 새로 들어서면서 차량의 흐름이 바뀌어 망하고 만다.

결국 켄터키 프라이드 치킨의 조리법을 판매하는 사업을 떠올렸을 때, 그의 나이는 예순다섯이었다.

재능을 꽃피우기에 너무 늦은 때란 없다. 재능이 깨어난 그때가 재능을 발휘하기에 가장 좋은 나이이기 때문이다.

하려고 결심한 순간 기회는 찾아온다. 재능이 있다고 느끼면 바로 시작하는 게 중요하다.

재능을 키우기 시작하면 젊어진다. 두뇌와 신체의 젊음을 되찾기 위해서라도 재능을 키워야 한다.

호기심을 가지고
여러 재능을 꽃피운 사람들

"돈이 없어서 아무것도 못한다고 말하는 사람은
돈이 있어도 아무것도 못한다."
-고바야시 이치조(한큐그룹 창업자)

하나의 재능이 꽃피면 다른 재능도 성장한다

다재다능하다는 말이 있다. 말 그대로 다양한 재능을 꽃피우는 걸 뜻한다.

두 가지 이상의 언어로 유창하게 대화하는 사람, 여러 종류의 악기를 다루는 사람, 어떤 스포츠든 만능인 사람 등 자신도 모르는 사이에 복수의 재능을 갖추게 된 사람들이 있다. 특별한 일이 아니다. 우리 안에는 원래 여러 가지 재능이 잠재돼 있다.

재능은 한 가지에만 집중된 게 아니라 관련된 다른 분야까지 퍼져 있게 마련이다. 그러니 한 가지 재능에만 연연할 필요는 없다. 하나의 재능이 꽃을 피우면, 관련된 다른 재능도 갈고닦을 기회가 생긴다. 이런 식으로 여러 재능이 피어날 수 있다.

다재다능한 연예인 하면 당신은 가장 먼저 어떤 사람이 떠오르는가?

만담가로 시작해서 코미디언, MC, 배우, 영화감독, 작가, 대학교수, 화가, 조형 아티스트까지 활동 범위를 넓혀온 기타노 다케시 아닐까.

성대모사를 잘하는 코미디언에서 MC, 가수, 배우, 프로 권투선수, 화가, 도예가, 서예가로도 이름을 알린 가타오카 쓰루타로도 있다.

이들은 한 가지 재능에서 출발하여 차례차례 날개를 뻗어 복수의 재능을 꽃피웠다. 대중에게 무언가를 표현하고 전달하는 것을 진심으로 좋아했기 때문에, 여러 다양한 방법으로 자신의 세계를 꾸준히 넓혀왔다.

호기심을 가지고 일단 도전해본다

인기 연예인들도 바쁜 와중에 시간을 쪼개서 재능을 꽃피웠으니, 당신도 충분히 할 수 있다.

그렇게 하면 지금 하는 일이 아니라 다른 재능으로 먹고살 수 있게 될지 모른다.

그룹 아라시의 리더 오노 사토시는 어린 시절 일러스트레이터가 꿈이었다. 오노는 노래와 춤 실력도 뛰어나지만, 부지런히 연예활동을 하면서도 창작을 병행해 해외에서 개인전을 열 만큼 영향력 있는 예술 작품을 발표하고 있다.

개그 콤비 피스의 마타요시 나오키는 독서가 취미였는데, 거기서 더 나아가 《불꽃》이라는 소설을 써서 문예잡지에 발표했고 제153회 아쿠타가와상을 수상했다. 이 작품은 300만 부가 넘게 팔리며 베스트셀러가 되었다.

이들이 다채로운 재능을 꽃피울 수 있었던 까닭은 다음과 같다.

• 기회가 주어져서 해봤더니 호평을 받았다.
• '나도 할 수 있을 것 같다'라는 자기효능감이 있었다.

• 일단 구체적인 행동으로 옮겨 그 분야를 깊이 파고들었다.

이런 조건의 배후에 있는 것은 강한 호기심이다. 호기심과 관심이 생기면 일단 한번 해보자. 뜻밖의 재능을 발견하게 될지 모른다.

 Point

내 안에 있는 여러 가지 재능에 숨을 불어넣어 보자.

생각지도 못하게 재능의 폭이 넓어질 것이다.

재능은 하나가 아니다. 당신 안에는 다양한 재능이 잠들어 있다.

그중 어떤 재능이 성장할지 기대하면서 도전해보자.

다른 사람을 신경 쓰면
큰일을 해낼 수 없다

"내가 얼마나 노력을 기울였는지 알면
천재라는 말은 나오지 않을 것이다."
-미켈란젤로

근거도 없는 비방에 귀 기울이지 마라

당신이 무언가에 푹 빠져서 몰두하고 있을 때, 뇌에서는 도파민이 분비된다. 의욕이 넘치고 행복한 상태다. 그런데 이럴 때 주의해야 할 것이 있다. 바로 다른 사람의 비방이다.

세상에는 좋아하는 일에 몰두하고 차근차근 실력을 쌓아가며 열심히 노력하는 사람을 아무렇지 않게 깔보고 비웃는 이들이 있다. 대개는 욕구불만으로, 남의 행복을 시기하며 자신의 불만을 남에게 투사하는 사람이다.

이런 사람은 처음부터 상대하지 말아야 한다. 무언가를 지적당하면 "글쎄?" 하고 대답한 다음 자리를 뜨면 된다.

재능을 폭발시킨 사람들은, 재능이 없다는 말을 듣고도 무시하고 계속했기 때문에 성공을 거머쥘 수 있었다.

생각해보라. 만약 그들이 일일이 다른 사람의 비판에 신경 썼다면 무모한 도전을 할 수 있었을까?

성공의 과정을 걷다 보면 비난을 당하기도 한다

어렸을 때부터 그림 그리기를 좋아했던 월트 디즈니는 고등학교와 미술학교를 동시에 중퇴하고 만화가를 지망해 신문사에 들어간다. 하지만 "상상력이 부족해 만화가의 재능이 없다"라는 말과 함께 해고당한다.

하지만 그는 훗날 영화사의 애니메이터가 되어 인기 캐릭터를 속속 만들어낸다. 이후 독립하여 애니메이션 회사를 설립했고, 그 회사는 오늘날 월트디즈니사의 바탕이 되었다.

"너는 재능이 없어!"라는 말에는 아무 근거도 없다.

베토벤은 가난한 궁정 가수였던 아버지에게 스파르타식

교육을 받아 십 대 때부터 피아니스트로 주목을 받았다. 그러나 그전에는 바이올린을 즉흥적으로 연주해서 엉터리 곡을 만들곤 했기 때문에 교사는 베토벤에게 작곡의 재능이 없다고 단정했다.

이십 대 후반부터 지병인 난청으로 괴로워하던 베토벤은 마흔두 살에 청력을 잃는다. 음악가로서 치명적인 일이었다. 그러나 청력을 잃고 나서도 일련의 위대한 교향곡을 시작으로 수많은 명작을 남겼다. 작곡에 재능이 없기는커녕 엄청난 재능을 지니고 있었던 것이다.

때론 세상과 멀어질 필요도 있다

재능이 없다는 말을 아예 듣지 않는 방법도 있다.

재능이 폭발할 때까지 좋아하는 것에만 골몰해서 세상과 단절된 생활을 하는 것이다.

아쿠타가와상 수상 작가 중 건달과 은둔형 외톨이로 살다 재능을 꽃피운 두 인물을 소개한다.

니시무라 겐타는 열한 살 때 아버지가 저지른 범죄에 충격을 받아 등교를 거부한다.

가까스로 중학교를 졸업한 뒤에는 혼자 살면서 여러 일을 전전한다. 유흥업소를 드나들다 싸움으로 두 번이나 체포당하고 집세가 밀려 아파트에서 쫓겨나는 등, 건달같이 살면서 하루하루를 보낸다.

그러던 중 문예에 눈을 떠 자신의 빈곤, 성욕, 고독 등을 주제로 자전적 소설을 쓰기 시작했고, 마침내 2011년《고역열차》로 아쿠타가와상을 수상했다. 마흔네 살에 재능을 폭발시킨 것이다. 그전까지는 내내 방탕하고 고독한 삶을 살았다.

다나카 신야는 네 살 때 아버지를 여의고 어머니와 둘이 살았다. 어릴 때부터 독서를 좋아했지만 다나카는 공업고등학교를 다녔다. 대학 입시에 실패하고부터는 아르바이트도 취직도 하지 않은 채 집에만 틀어박혀 독서와 창작의 나날을 보낸다.

그 결과, 서른아홉 살이 되던 2012년《나를 잡아먹는 사람들》로 아쿠타가와상을 수상했다.

이 두 사람은 남들의 평판을 신경 쓰는 대신 재능에 집중했다. 남이야 뭐라든 재능을 찾아내 갈고닦았기에 마침내 성공할 수 있었다.

무언가에 푹 빠져 있다면 누가 뭐라고 하든 무시해야 한다. 상대
할 가치가 없기 때문이다.

깊이 몰두할 수 있는 일, 거기에 재능이 깃들어 있다. 단련하면 언
젠가 폭발시킬 수 있다.

자기만의 세계를 지키는 것이 무엇보다 중요하다.

성공한 자신의 이미지를
항상 머릿속에 그려라

"나쁜 상상은 아무리 강한 사람이라도 소극적으로 만들고,
좋은 상상은 아무리 약한 사람이라도 적극적으로 만든다."

－조셉 머피(종교가)

긍정적인 상상은 재능 발견의 열쇠가 된다

레몬이나 매실장아찌처럼 신 음식은, 먹는 상상만 해도 저
절로 입안에 침이 괸다. 고소공포증이 있는 사람은 높은 곳
에서 아래를 내려다보는 영상만 봐도 현기증을 느끼고 가슴
이 콩닥거린다.

과거의 경험이 떠오르기 때문이다. 이처럼 어떤 장면을 상
상하면 과거의 기억과 연관된 생리적 반응이나 감정이 그대

로 되살아난다.

따라서 실패를 상상하면 실제로 실패할 확률이 높아진다. 그 좌절감, 패배감, 불안감이 되살아나고, 이는 성공을 가로막는 중요한 요인이 된다.

반대로 성공을 상상하면 자신감, 자기효능감이 생긴다. 실제로 성공할 가능성이 높아질 수밖에 없다.

잠재의식 속에 재능이 숨어 있다

무의식 혹은 잠재의식의 힘은 의식의 힘보다 훨씬 강하다.

어떤 일을 부정적으로 인식하고 있는 한 그 일을 잘할 수 없는 것도 이 때문이다. 아무리 열심히 연습하고 기술을 단련해도, 실패할지 모른다는 생각이 한 번 들기 시작하면 정말로 실패할 확률이 높아진다.

재능이 없을지도 모른다는 생각을 하기 시작하면, 재능을 깊이 파고들기가 어려워진다.

'좋아, 할 수 있어. 나라면 가능해.' 이런 굳은 의지가 잠재의식까지 침투해서 백 퍼센트 확신에 이르지 않으면, 재능은 깊은 곳에 파묻힌 채 끝나고 만다.

이런 잠재의식을 내 편으로 만들어 스스로를 고무해서 재능을 폭발시킨 사람이 있다.

바로 록스타 야자와 에이키치다. 야자와는 여행을 갔던 호주 골드코스트의 자연에 매료되어 그곳에 거점을 만들기로 한다. 그래서 골드코스트에 스튜디오와 음악학교를 지어 전 세계에 자신의 음악을 알리기 위한 계획에 착수한다.

이 일을 두 명의 지인에게 맡기고 자신은 열심히 음악 활동을 하던 1998년 1월, 그는 290억 원이 넘는 투자 예정 자금이 지인의 배신으로 모조리 날아간 사실을 알게 된다. 그 두 사람은 배임, 횡령, 공문서 위조를 멋대로 저지르며 야자와를 감쪽같이 속인 것이다.

야자와가 슈퍼스타로서 놀라운 재능을 발휘한 것은 이때부터다.

"그래, 이 상황을 영화라고 생각하면 돼. 나는 야자와 에이키치라는 배역을 맡은 거야."

이렇게 발상을 전환한 그는 자신을 영화 속 주인공이라고 생각하며 큰 무대를 연달아 성공시켰고, 290억 원을 6년 만에 모두 갚았다. 자신을 영화 속 주인공 보듯 객관적으로 인식하면서 재능을 확신하고 노력한 결과였다.

Point

자신을 높은 곳에서 내려다보듯이 객관적으로 보면 냉정한 판단과 합리적인 통제가 가능해진다.

이것이 바로 '메타 인지'다. 자신의 재능을 제삼자의 시선으로 바라봄으로써 자신감을 얻고, 이를 통해 재능을 키울 수 있다.

어떤 어려운 상황이 와도 나는 이런 능력을 가지고 있기 때문에 해결할 수 있다는 긍정적인 힘이 생기는 것이다.

Chapter 3

결국 재능을 폭발시켜
성공한 사람들의 30가지 법칙

내가 진짜로 원하는 걸 찾아 재능을 폭발시킨다

"개인에게서 광기를 찾아보기는 힘들다.
그러나 집단, 정당, 국가, 시대 등에는 거의 예외 없이 광기가 존재한다."

-니체

이 길이 아니라고 생각된다면 당장 그만둬라

최근 일본에서는 '블랙 기업'이 사회적 문제로 떠오르고 있다.

이런 회사들은 월 80시간 이상 야근을 시키면서 야근 수당을 제대로 주지 않고, 성희롱이나 갑질을 공공연하게 자행한다. 이런 블랙 기업은 어쩌면 생각보다 많을지 모른다.

당신이 다니는 회사는 어떤가?

이런 회사에 다니면 육체적으로도 정신적으로도 고통스

럽다. 열심히 하려고 애쓰는 사이에 마음이 꺾이거나 몸이 망가진다.

이런 식으로 일하는 건 노예나 다름없다. 당장 그만둬야 한다. 하지만 장시간 노동과 비인격적 대우로 심신이 힘든데도 그만두지 못하는 사람이 많다.

쥐꼬리만 한 월급에 비인간적인 대우를 받으며 힘들게 일하는 자신의 모습을 보면 비참하다는 생각이 들지만, 그만두지 못한다. 왜 그럴까?

인지부조화 때문이다. 노예처럼 일하고 있다는 사실을 스스로 납득할 수 없고, 불쾌하고 비참하다. 그래서 억지로 합리화한다.

'내 일은 많은 사람에게 기쁨을 주고 도움이 되는 일이야. 그러니까 내가 열심히 해야 해!'

그럴듯한 이유를 붙여가며 스스로를 속이는 것이다.

인지부조화를 해소하는 가장 좋은 방법은 회사를 그만두는 것이지만, 쉽게 결단하지 못하기 때문에 이런 변명으로 자신을 이해시킨다.

건강에 해로운 흡연을 그만두지 못하는 사람이, 헤비 스모커 가운데도 장수하는 사람은 있다고 변명하며 계속 담배를

피우는 것과 비슷하다.

인지부조화는 억지 변명과 합리화가 아니라 행동으로 해소해야 한다.

회사를 그만두는 것이 최선이다. 인생에 여유가 없으면 잠재된 재능의 목소리에 귀 기울일 시간이 없기 때문이다.

 Point

전화기를 발명한 그레이엄 벨은 다음과 같이 말했다.

"내게 꼭 맞는, 진지하게 열중할 수 있는 일을 해서 의욕과 힘을 되찾아 성공의 길을 걸어야 한다."

이처럼 내 길이라는 확신이 들 때는 포기하지 않는 집념이, 내 길이 아니라고 생각될 때는 과감히 그만두는 결단력이 필요하다.

학벌과 스펙을 뛰어넘어 재능을 폭발시킨다

"필요한 것은 학력이 아니라 지식이다.
학력은 과거의 영광이고, 지식은 현재를 산다."
–다나카 가쿠에이(정치가)

세상은 눈에 보이는 것으로 사람을 판단한다.

학력이 낮거나 가령 전업주부라서 직장에 다닌 경력이 없다면, 좀처럼 일할 기회를 얻기가 힘들다. 어디에서도 써주질 않으니 스스로 어떻게든 길을 찾는 수밖에 없다. 그렇게 천직을 찾게 되기도 한다.

스즈키 유리코는 스물한 살에 평범한 회사원과 결혼을 했다. 아이를 낳고는 집에서 재봉틀을 이용한 부업으로 한 달에 50만 원씩 벌어 가계에 보태면서 세 아이를 키웠다. 세 자녀를 모두 독립시키고는 취직을 하기 위해 교다 시 헬로워크(일본의 공공 직업안내소 - 옮긴이)를 방문했을 때 그녀의 나이는 마흔여덟이었다. 게다가 고등학교에 다니다 만 중졸 전업주부가 할 수 있는 일은 심야 노동이나 토목 작업밖에 없었다.

결국 스즈키는 헬로워크의 도움을 받지 못하고 광고에서 찾은 주택 청소 일을 시작한다. 그러던 어느 날, 청소하러 간 공동주택이 3억 5,000만 원에 매물로 나온 것을 보고 아이디어가 떠오른다. 월세가 35만 원이므로 18세대가 모두 차면 한 달에 630만 원, 연간 임대 수입은 7,560만 원이다.

따라서 3억 5,000만 원에 대한 투자 이율은 21.6퍼센트가 된다. 즉 3억 5,000만 원을 5년 만에 회수할 수 있다.

그녀는 회사원인 남편에게 대출을 받게 해서 이 건물을 사들인다. 건물주가 된 그녀는 지금껏 쌓아온 기술을 발휘해 건물을 청소하고 집을 리폼해서 입주율 100퍼센트를 달성한다.

그녀의 활약은 이제부터 시작이었다. 낡은 건물을 속속 사들여서 같은 방법으로 알짜 부동산으로 변신시켰고, 10년도 지나지 않아 임대 수입은 연 1억 원이 되었다. 나중에는 남편과 함께 부동산중개업까지 시작했다.

방송 출연으로 유명세를 타며 《전업주부가 연수입 1억 원의 건물주 되는 방법》이라는 책을 쓰기도 했다.

마흔여덟에 익힌 청소 기술이 부동산 관리라는 뜻밖의 재능을 일깨운 것이다.

 Point ─────────────────────────────

투자 재능은 학력이나 경력 없이도 충분히 발휘할 수 있다.

실제로 주변을 살펴보면 투자나 재테크에 까막눈이던 사람이 직접 발로 뛰며 현장을 경험한 뒤 작은 투자부터 시작해 큰 부를 이룬 경우를 심심치 않게 볼 수 있다. 그러나 여기서 기억해야 할 것은 스즈키가 건물 청소를 하며 사람들의 필요를 먼저 파악한 후 건물 리폼을 통해 자신만의 경쟁력을 갖춘 것처럼 기본부터 시작해야 한다는 것이다.

이처럼 주변을 잘 찾아보면 큰돈을 만질 기회는 분명히 널려 있다.

흉내·모방·표절로
재능을 폭발시킨다

"나는 소크라테스에게 빌리고 체스터필드에게서 슬쩍하고
예수의 말을 훔쳐 책을 썼다."

-데일 카네기

모방은 창조의 어머니다

지식은 책을 읽거나 강의를 듣는 방법으로 충분히 쌓을 수
있다. 하지만 기술은 그 기술을 가진 사람을 흉내 내는 것이
가장 쉽고 빠르다.

기술을 가진 사람을 찾아가서 그 사람의 일거수일투족을
묵묵히 관찰하는 것이다.

어디가 다른지, 어떤 요령이 있는지 분석을 거듭하며 끈기
있게 관찰하면 자기 나름의 방법을 구축할 실마리가 보이기

시작한다.

처음에는 흉내만 낸다는 말을 들을 수도 있지만, 나만의 방법을 터득하면 누구도 토를 달지 못하게 된다.

홈런왕 베이브 루스는 신인 시절, 당시 영웅이었던 조 잭슨의 힘 있는 스윙을 철저하게 모방해서 연습했다.

현대미술가 무라카미 다카시는 애니메이션이나 피규어를 표절했다는 혹평을 듣기도 했지만, 지금은 일본을 대표하는 세계적인 아티스트로 유명하다.

애플 공동창업자 스티브 잡스는 다음과 같이 말했다.

"파블로 피카소의 명언 중에 '훌륭한 예술가는 모방하고 위대한 예술가는 훔친다'라는 말이 있다. 그래서 나는 대단하다고 생각한 아이디어를 계속 훔쳐 왔다."

실제로 잡스는 스탠퍼드대학교에 있던 제록스 사 연구소에서 매킨토시의 아이디어를 가져온 것으로 알려져 있다.

마이크로소프트 공동창업자 빌 게이츠는 매킨토시의 시작품에서 윈도의 아이디어를 얻었다고 알려져 있다.

모든 것은 모방에서 시작된다.

우리 뇌에는 거울뉴런이라는 세포가 있어서 다른 사람에게 공감하거나 다른 사람의 흉내를 낼 수 있다. 거울뉴런을 가졌다는 건 대단한 행운이다. 그러니 본받고 싶은 재능이 있다면 모방하고 따라 하라.

반대로, 누군가가 당신을 따라 한다면 우월감을 느껴도 좋다. 불쾌하게 생각할 일이 아니라 기뻐할 일이다.

새로운 것에 자극받아
재능을 폭발시킨다

"자기 자신의 눈으로 보고
자기 자신의 가슴으로 느끼는 사람은 드물다."

-아인슈타인

신선한 충격을 기회로 삼는다

새로운 무언가를 접할 때, 재능은 빛을 발하는 계기를 만난다.

미용실 업계에서 큰 성공을 거둔 고쿠분 도시하루는 1958년 후쿠시마현 출생으로, 학창 시절에는 장난기 많은 소년이었다.

고등학교를 졸업하고는 일단 가까운 봉제 공장에 들어가

일하기 시작했다. 그러던 중 미용 기술을 익혀서 미용실을 열겠다는 꿈을 갖게 된다. 그 꿈을 위해 고쿠분은 상경해서 미용실에 취직해 점장의 집에 얹혀살며 일을 배운다.

그리고 서른 살에 마침내 독립해서 그토록 바라던 미용실을 차린다. 이제 경영자가 된 그는 더욱 노력해서 미용실을 네 곳으로 늘린다. 모든 일이 술술 풀렸다. 그런데 한 가지 고민이 있었다. 미용사들이 금방 일을 그만두고 나가버린다는 것이었다.

그는 미용사가 자주 교체되면 가게가 원활하게 돌아가지 않아 사업을 키울 수 없다고 생각했다. 그러던 중 선진국의 미용실들을 둘러보기 위해 미국에 건너갔다가 깜짝 놀란다. 400평이나 되는 광활한 공간에서 엄청난 수의 미용사들이 일하고 있었기 때문이다.

신선한 충격을 받은 그는 자신도 미용실을 대형화하기로 결심한다. 그리고 독자적인 프랜차이즈 방식을 도입해 미용사의 독립을 지원하는 제도를 확립한다. 이로써 미용사의 이직으로 인한 고민도 해결하고, 그들의 의욕에도 불을 붙일 수 있었다.

이후 그는 계속 승승장구해서 점포 수 200개를 돌파했다. 독립시킨 미용사만 80명이 넘고 직원 수는 2,800명에 달했다. 이는 연 매출이 2,000억 원에 가까운 거대 미용실 체인 아스홀딩스의 대성공으로 이어졌다. 말할 것도 없이 일본 최대 규모다.

　새로운 것에 자극받았다면 기회다. 재능을 단숨에 폭발시킬 때가 온 것이기 때문이다.

 Point

　천동설을 믿던 시대에 지동설을 주장한 코페르니쿠스는 당시 사람들에게는 인정받지 못했지만, 지금은 과학 혁명의 중요한 존재로 불린다.

　기존의 사고 틀을 바꾸는 것이 중요하다.

　우리에게는 재능을 폭발시킬 패러다임의 전환이 필요하다.

'1만 시간의 법칙'으로 재능을 폭발시킨다

"시간 가는 줄 모르고 한 가지 일에만 집중하면
누구나 성공할 수 있다."

-토머스 에디슨

성실함과 노력에도 시간이 필요하다

'1만 시간의 법칙'에 대해 들어봤을 것이다. 플로리다주립대학교 앤더스 에릭슨 박사가 세계 정상급 음악가나 운동선수, 사업가 등을 조사해서 도출한 이론으로, 유난히 경쟁이 치열한 분야에서 정상에 오른 사람들은 모두 그 분야의 전문가가 되는 데 1만 시간 이상 투자했다는 내용이다.

매일 8시간을 투자하면 1만 시간을 채우는 데 약 3년 반이 걸린다. 매일 4시간을 쓴다면 약 7년이 걸린다. 재능을 갈고닦아 최고가 되려면 그만큼 시간이 걸린다는 뜻이다. 로마는 하루아침에 이루어지지 않았다.

빌 게이츠는 열네 살 때부터 하버드대학교를 중퇴할 때까지 매일 8시간 이상 컴퓨터 프로그래밍을 했기 때문에 1만 시간을 훌쩍 넘겼다.

모차르트는 세 살 때부터 피아노를 쳐서 다섯 살 무렵에 작곡을 시작했다. 명곡이라고 불리는 작품은 스무 살 이후에 발표했으므로 역시 1만 시간을 가볍게 넘는다.

그런데 여기서 중요한 건, 성과를 올리는 데 몇 시간이 걸리는지가 아니다. "좋아하는 것이 숙달의 지름길이다"라는 말이 있듯이, 성공한 사람들은 오로지 '좋아해서' 몰두했더니 어느새 정상에 서게 된 것뿐이다.

하기 싫은 일을 억지로 해서는 1만 시간이 지나도 성공하기 어렵다. 즐겁게 그 일에 몰두하는 시간이 1만 시간을 넘을 때 누구나 그 분야의 전문가가 될 수 있다.

Point

1만 시간은 재능을 발휘하기까지 걸리는 시간이라기보다, 기술을 습득하는 데 걸리는 시간이라고 보는 편이 좋다. 즉 1만 시간의 법칙은 어려운 자격증 공부나 어학 공부를 할 때 참고할 수 있다.

어떤 일을 해내고 싶다면 무작정 시간을 투자하는 것이 아니라 그 일에 얼마나 시간을 쏟고 있는지 자료화해서 살펴보면 큰 도움이 된다.

어떤 일을 이루고자 한다면 적어도 이 정도 노력은 해봐야 내게 재능이 있는지 없는지를 판단할 수 있지 않을까.

가슴에 사무친 슬픔으로
재능을 폭발시킨다

"더없는 슬픔은 우리를 다시금 신에게 맺어준다."

- 단테

슬픔을 예술적 재능으로 승화시켜라

상실감을 느끼면 슬픔의 감정이 솟아난다. 무언가를 잃는
다는 건 깊은 슬픔이고 극심한 고통이다.

상실 같은 큰 충격을 받았을 때는 생각에 깊이 잠겨보기를
권한다. 마음이 거세게 흔들린 뒤에는 새로운 무언가가 탄생
하는 일이 많기 때문이다.

현재는 연기자로 더 유명한 다카하시 조지는 원래 인디

레이블에서 활동하던 밴드 THE TRABRYU의 싱어송라이터였다.

1987년 겨울, 당시 스물아홉이었던 그에게 열아홉 소녀의 팬레터가 도착했다. 그 편지에는 소녀의 고민이 담겨 있었다. 이혼해서 아이가 하나 있는 남자친구와 사귀다가 임신해서 봄에 출산하게 되는데, 그간 아이는 더 이상 필요 없다고 말해온 남자친구에게 어떻게 이야기를 꺼내야 할지 모르겠다는 내용이었다.

어떤 대답을 해주어야 할지 고민하는 동안, 소녀에게서는 더 이상 편지가 오지 않았다. 그러던 어느 날 다카하시는 소녀가 교통사고를 당해 배 속의 아이와 함께 사망했다는 사실을 알고 큰 충격에 빠진다.

슬픔에 잠긴 그에게 마치 하늘에서 내려온 듯이 가사와 멜로디가 떠올랐다. 300만 장이 넘게 팔린 히트곡 〈로드〉는 이렇게 탄생했다.

멕시코의 유명 화가 프리다 칼로 또한 슬픔을 예술로 승화시킨 대표적인 작가다. 민중화가 디에고 리베라와 결혼했으나 교통사고로 인한 신체적 고통과 남편의 문란한 사생활 때문에 늘 힘들었던 그녀는 자신의 슬픔을 담은 유명한 자화상

을 많이 남겼다. 지금은 멕시코 국민들이 가장 사랑하는 화
가로 남편 디에고만큼이나 그 예술성을 인정받고 있다.

　이처럼 때로는 슬픔에 빠져 아무것도 할 수 없는 무기력
상태에 있을 때 영감이 떠오르곤 한다.

 Point ————————————————————————————

슬픔의 감정은 음악이나 문학 같은 재능을 폭발시킨다.

슬픔은 우리에게 고통을 주기도 하지만 그 안에는 근본적으로 사

랑이 담겨 있어 오래도록 심금을 울리기 때문이다.

이런 마음의 울림이 명작으로 승화되곤 한다.

전통적인 가르침에 귀의하여 재능을 폭발시킨다

"고뇌하는 것 또한 재능이다."

-도스토옙스키

때론 종교가 재능을 일깨우는 도구가 된다

삶의 의미를 찾고 싶어 종교에 귀의하는 이들이 드물지 않다. 종교의 가르침을 접함으로써 사고의 틀을 깨고, 코페르니쿠스적 전환으로 자신의 인생을 바꾸려 하는 것이다. 이것이 도화선이 되어 재능을 폭발시킬 수 있다.

러시아 문호 톨스토이는 노년기에 접어들어 자신이 손에 넣은 부와 명성, 지위에 도대체 무슨 의미가 있는가 하는 회의감에 빠진다. 그래서 젊은 시절에는 조금도 관심 없었던 종교 사상에 접근한다.

처음에는 모국의 러시아정교에서 진리를 구하나, 부패한 데다 그리스도의 가르침을 올바르게 전하지 않아서 금세 환멸을 느꼈다. 그 후 차츰 동양의 사상과 철학에 심취해 불교까지 도달한 톨스토이는 독자적인 교의를 세워 직접 설법을 하기에 이른다.

이 무렵 남아프리카공화국에서 변호사로 일하고 있던 마하트마 간디는 톨스토이와 편지를 주고받는다. 톨스토이의 비폭력과 수동적 저항이라는 사상에 공감해 간디는 훗날 이를 인도 독립투쟁의 중심에 놓았다.

인류의 평화, 조화, 단결 같은 개념은 톨스토이에 의해 널리 퍼진 것이다. 이는 훗날 톨스토이주의라고 불리게 된다.

젊은 시절 스티브 잡스는 삶의 의미에 대해 고뇌하다 목욕도 하지 않은 불결한 몸으로 여러 종교를 전전했다. 마침내 선종을 접한 그는 꾸준히 좌선했다.

IT 엔지니어였던 레스 케이는 TV에 나와서 다음과 같이 말했다.

"젊은 시절 잡스는 인생의 의미를 모색하고 있었다. 그때 푹 빠진 것이 선(禪)의 수행이다. 그는 컴퓨터의 세계에서도 선의 아름다움을 구현하고 싶어 단순하고 실용적인 디자인을 추구했다."

이런 종교적 정신은 '디자인이 보이지 않게 하라'는 스티브 잡스의 디자인 철학으로 발전해 지금의 애플을 만들어낸 원동력이 되었다. 그는 돈을 버는 사업가에서 세상을 바꾸는 인물로 자신의 재능을 확장해간 것이다.

 Point

종교적 가르침에 공감해서 마음이 움직이면 엄청난 재능 폭발로 이어진다. 또한 역경이 다가올 때 이겨낼 힘이 되기도 한다. 스티브 잡스는 스탠퍼드대학교 졸업식 연설에서 다음과 같이 말했다. "곧 죽게 된다는 생각은 인생에서 중요한 선택을 할 때마다 큰 도움이 된다. (……) 죽는다는 사실을 기억한다면 무언가 잃을 게 있다는 생각의 함정을 피할 수 있다."

실연의 슬픔을 에너지로 바꿔 재능을 폭발시킨다

"두 사람이 서로 사랑하면 행복한 결말은 있을 수 없다."

-어니스트 헤밍웨이

가슴 아픈 경험도 재능의 원료가 된다

누군가가 좋아지면 그가 신경 쓰이기 시작하고, 혼자 가슴앓이를 하는 사이에 상대를 미화하게 된다. 《연애론》을 쓴 작가 스탕달은 이를 '결정(結晶) 작용'이라고 이름 붙였다.

이런 상태에서 상대에게 깨끗이 거절당하면 누구나 상당한 타격을 입는다. 그러나 실연을 힘으로 바꿔 재능을 폭발시키는 사람도 있다.

오페라 극장에서 지휘자로 일하던 1884년, 스물네 살의 구스타프 말러는 소프라노 가수 요한나 리히터를 열렬히 짝사랑한다. 그러나 보기 좋게 거절당한다. 그 심정을 담은 명곡 〈방황하는 젊은이의 노래〉가 탄생한 것은 이 실연으로부터 얼마 지나지 않아서였다.

말러는 그 후 어느 귀족 부인과 불륜관계를 맺다가 둘이서 도주까지 계획한다. 하지만 결국 버림받는다. 어지간히 연애운이 없었던 것이다.

가슴 아픈 경험들을 뒤로하고 말러는 미모의 재원과 결혼하는데, 이번에는 아내가 바람을 피워서 질투와 독점욕으로 애끓는 결혼생활을 보낸다.

교향곡을 9번까지 남긴 말러의 작품에는 이런 슬픈 사랑의 경험이 짙게 묻어 있다.

독일의 대문호 괴테도 청년 시절 친구의 약혼자를 짝사랑하는 아픔을 겪었다. 그러다 한 친구가 자신과 비슷한 아픔을 겪다 자살했다는 소식을 듣고 글을 쓰기 시작한다. 이 경험이 대표작 《젊은 베르테르의 슬픔》으로 결실을 맺은 것은 유명한 이야기다.

1774년에 간행된 편지 형식의 이 소설은 당시 유럽에서 큰 반향을 일으켰다. 실연한 베르테르가 스스로 목숨을 끊은 것을 따라서 실연으로 자살하는 젊은이가 속출할 정도였다.

이 소설은 괴테라는 작가의 개인적인 경험담에서 시작됐지만, 그 속에 보편적인 인간사가 담겨 있어 오늘날까지 큰 사랑을 받는 명작이 되었다.

충족되지 못한 사랑, 실연의 슬픔이 에너지로 바뀌어 재능을 폭발시킨 사례다.

 Point

실연을 당했다면 재능의 도화선에 불을 붙일 기회가 온 것이다.

좌절해 있지만 말고 그 괴로운 마음을 눈에 보이는 형태로 표현하는 것이 중요하다.

슬픔의 에너지를 음악 혹은 문학에, 하던 일에 집중하여 쏟아보는 건 어떨까?

스스로 불구덩이에 뛰어들어 재능을 폭발시킨다

"당신이 내뱉는 말이 당신의 인생을 조종한다."

–앤서니 라빈스(자기계발 강연가)

먼저 각오하고 그다음에 행동하라

자신이 한 말을 그대로 실행하는 사람은 용기 있는 자다. 스스로 불구덩이에 뛰어들 각오가 되어 있기 때문에 "이 일을 언제까지 하겠다"라고 선언할 수 있다. 그런 이들은 할 수 없는 이유가 아니라 할 수 있는 이유를 생각한다.

물론 위험이 있다. 달성하지 못하면 "그것 봐라" 하고 비난이 쏟아진다.

그러나 해냈을 때는 신뢰와 신용을 손에 넣을 수 있다. 얼는 이익이 크다.

약속 경영하면, 르노와 르노-닛산 얼라이언스 회장 겸 CEO 카를로스 곤의 이름이 가장 먼저 나온다.

1999년 3월 르노는 경영 악화로 도산 직전이었던 닛산의 주식을 3할가량 취득해 자본 제휴를 맺었다. 카를로스 곤은 르노에서 보내온 경영자로서 닛산의 개혁에 나선다.

"3년 안에 목표를 달성하지 못하면 사임하겠다."

19조 5,000억 원이 넘는 부채로 곤경에 처해 있던 상황에서 카를로스는 이렇게 말하며 '닛산 리바이벌 플랜'을 발표한다.

- 다음 해인 2000년도 연결 당기순이익을 흑자로 전환한다.
- 3년 후인 2002년도 연결 영업이익률을 4.5퍼센트 이상 높인다.
- 3년 후 연말까지 자동차 사업의 연결 부채를 약 6조 8,500억 원 이하로 삭감한다.

수치와 기한을 구체적으로 명시해 퇴로를 봉쇄함으로써 결의를 표명한 것이다.

이후 그는 예정보다 1년 앞서 목표를 초과 달성했고, 4년 만인 2003년에 부채를 모두 갚아 경영을 정상 궤도에 올렸다.

"언제까지 무엇을 하겠다"라고 선언하면 일단 자신의 결의가 굳어진다.

거기서부터 시작하면 리더십이라는 재능을 폭발시키기 쉽다.

 Point

___

아무리 어려운 환경에 처한 기업일지라도, 리더가 신속하고 정확한 판단력으로 퇴로를 봉쇄하고 낮은 자세로 나아가면 직원들은 따르게 되어 있다.

그 사람의 진심이 전해지면 주위 사람들에게도 비전이 공유되고 결속력이 다져진다. 공약을 선언함으로써 재능 폭발의 환경이 마련되는 셈이다.

기대하지 않았던 반전 효과로
재능을 폭발시킨다

"사람들은 보통 내면보다 외모로 상대를 판단한다.
내면을 판단하는 통찰력을 지닌 사람은 극히 드물다."

– 마키아벨리

새로운 시도로 나만의 매력을 찾은 사람들

유약해 보이는 초식남이 양복을 벗고 수영복으로 갈아입
자 근육질 몸매가 드러난다. 이때 갭 효과는 플러스로 작용
한다. 물론 마이너스로 작용하는 갭 효과도 있다. 지적이고 멋
진 미남이 알고 보니 교양 없는 사람이었을 때다.

인기가 모든 것을 좌우하는 연예계에서는 갭 효과로 갑자
기 뜨는 사례를 흔히 볼 수 있다.

MC로 맹활약하고 있는 아리요시 히로이키가 좋은 예다. 그는 스물두 살 때 사루간세키라는 개그 콤비로 활동했는데, 당시 〈나아가라! 전파소년〉이라는 TV 프로그램에서 히치하이킹을 체험하는 코너에 출연해 반짝인기를 끈다. 하지만 코미디언으로서는 이름을 알리지 못했고, 그 후로는 11년 동안 TV에서 볼 수가 없었다.

다시 주목받은 건 2007년, 서른세 살 때였다. 한 방송에 출연해서 다른 코미디언에게 독설 섞인 별명을 붙인 것이 재미있다고 호평을 들은 뒤부터였다.

오랜시간 TV에서 볼 수 없었지만, 그렇게 아리요시는 후배 코미디언들이 활약하고 있는 상황에서 그들의 선배 위치에 서게 됐다.

별 볼 일 없는 코미디언이 한창 인기 있는 젊은 코미디언들에게 독설 섞인 별명을 붙일 수 있는 대선배라는 것, 그리고 말재주와 재치가 보기보다 뛰어나다는 것이 갭 효과를 일으켰다. 덕분에 그는 단숨에 인기 연예인이 되었다.

열일곱 살에 연예 활동을 시작한 호란 치아키는 10년간 활동 없이 잊혀가던 연기자였다. 그런데 머리를 짧게 자르면서 지적인 이미지가 돋보여 순식간에 인기를 끌었다. 이 역시 일종의 갭 효과다.

이처럼 기대하지 않았던 반전의 모습을 선보임으로써 다른 매력을 선보이는 사람들이 있다. 지금 너무 고정화된 모습으로 답답한 일상을 살고 있다면 그동안 시도해보지 않았던 다른 매력을 분출해보는 건 어떨까.

혹 실패한다 해도 새로운 시도는 즐거운 것이니 말이다.

 Point

이렇다 할 성과를 내지 못하고 있을 때는 갭 효과를 이용해 재능을 폭발시킬 수 있다. 이런 반전 효과를 잘 이용하는 것도 하나의 재능이다. 그리고 이런 시도가 때론 생각지도 않았던 놀랄만한 행운을 가져다주기도 한다.

타인의 뛰어난 능력을 빌려
재능을 폭발시킨다

"그룹을 만들 때는 다양한 사람을 한데 모아야 한다.
각자의 장점이 다르기 때문이다."
–마일스 데이비스(재즈트럼펫 연주가)

여러 사람의 재능을 모으는 것도 능력이다

영화계에서는 감독의 지휘 아래 수많은 스태프가 제작에
관여하는 것이 상식이다. 감독 한 명의 재능만으로는 아무것
도 할 수 없는 세계이므로 당연한 일이다.

하지만 개인의 기술이 중요한 세계에서는 무엇이든 혼자
하는 경우가 많다.

어떤 재능을 발휘하려고 할 때도 대체로 혼자일 것이다.

그러나 발상을 전환해 팀의 힘으로 빠르게 성과를 내서 재

능을 살리는 것도 나쁘지 않다.

장기 연재만화 《고르고13》으로 유명한 만화가 사이토 타카오. 그는 젊었을 때부터 '리얼리티를 추구하는 극화 장르는 영화 제작처럼 분업 체제여야 한다'라는 지론을 가지고 있었다. 각본, 컷 분할, 각색, 밑그림, 인물 작화, 배경 작화, 마무리 등 극화는 일반 만화보다 묘사가 섬세해서 할 일이 많기 때문이다.

그는 일찍이 '사이토 프로덕션'을 설립하여 극화 제작의 분업 체제를 구축하고 각 담당자의 이름을 작품의 지면에 싣도록 한 선구자였다.

지금은 만화가가 어시스턴트를 쓰는 것이 상식이 되었다.

사이토의 노력이 완성도 높은 작품 양산에 도움이 되었던 건 두말할 필요도 없는 사실이다.

미국 실리콘밸리에 본사를 둔 성공한 IT 기업은 대부분 몇명씩 팀을 짜서 소프트웨어를 개발하다가 사업을 시작하게 된 것으로 알려져 있다.

마이크로소프트, 애플, 야후, 구글, 휴렛팩커드, 오라클, 시스코시스템스, 인텔, 어도비시스템스, 이베이, 페이스북, 트

위터, 엔비디아……. 이런 대기업뿐만 아니라 중소기업의 사례도 무수히 많다.

당신의 재능이 다른 사람의 힘을 빌려 모으는 것이라면, 분업 체제를 만드는 것도 하나의 방법이다. 재능을 더 빨리 폭발시킬 수 있다.

 Point

하고 싶은 일을 실현하기 위해 지향점이 비슷한 친구와 팀을 짜보라. 머리를 맞대고 일하는 사이에 재능을 폭발시킬 아이디어가 샘솟을 것이다. 또한 혼자 도전하면 오랜 시간이 필요한 일도 같이 하면 단기간에 끝낼 수 있어 시간 절약이 가능하다.

실패를 뛰어넘어 두 배로
재능을 폭발시킨다

"실패한 시점에서 그만두기 때문에 실패가 되는 것이다.
성공할 때까지 계속하면 성공이 된다."
-마쓰시타 고노스케

자신을 실패에 강한 체질로 만들어라

실패하면 누구나 좌절한다. 거기에 빚까지 지면 "두 번 다시 안 해!" 하고 포기하게 된다. 하지만 실패한 원인을 철저하게 분석해 실패하지 않는 방법을 알아내서 마침내 성공을 거머쥔 사람도 있다.

다키자키 다케미쓰라는 사람을 아는가? 회사를 두 번 도산시키고 나서 실패하지 않는 방법을 철저히 연구해 산업용

전기기기 업체 키엔스를 창업한 사람이다.

키엔스는 기업을 상대하는 업체이기 때문에 일반 소비자에게는 익숙하지 않을지도 모르지만, 직원이 1,000명 이상인 일본 대기업 가운데 가장 높은 평균 연봉을 자랑하는 우량 기업이다.

2016년 도요게이자이 온라인 조사에 의하면, 키엔스 직원 2,063명(평균 연령 35세)의 평균 연봉은 약 1억 6,500만 원이었다. 평생 연봉도 약 71억 4,000만 원으로 단연 1위였다.

다키자키는 도산한 경험으로부터 무(無)부채를 고수하면서 생산 공장을 두지 않는 팹리스(fabless, 생산 없이 설계와 판매만 하는 것-옮긴이)를 도입했다.

또 할인을 없앤 컨설팅 영업을 했고, 직원들이 이십 대부터 프로젝트 리더가 될 수 있도록 혁신적인 인사 구조를 만들었다. 이런 경영으로 그는 영업이익률이 50퍼센트에 육박하는 키엔스를 만들었다.

키엔스는 공장의 생산 공정에 꼭 필요한 센서를 만든다. 만일 공장에서 센서가 고장 나서 생산이 중단되면 큰 손실이 발생한다. 그렇기 때문에 키엔스는 주문이 들어오면 바로 다음 날 제품을 제공한다. 납품하는 데 며칠씩 걸리는 다른 회사와 비교하면 엄청난 강점이다.

또 영업할 때는 항상 구체적인 개선책을 제시하여 기업이 나아갈 방향을 제시한다.

타의 추종을 불허하는 회사를 만들기까지, 다키자기는 두 번의 도산 경험이 있었다. 그러나 포기하지 않고 다시 도전했다. 실패하지 않는 방법을 연구하고 난 뒤의 도전이었기에 성공을 거머쥘 수 있었다.

 Point

실패로부터 배우는 게 없다면 실패는 인생의 낭비일 뿐이다. 그러니 실패로부터 실패하지 않는 방법을 철저히 배워야 한다.

실패하지 않은 방법을 스스로에게 순차적으로 도입하면, 실패하지 않는 강한 체질이 되어 재능을 폭발시킬 수 있다.

과감히 자신을 낯선 곳에 던져 재능을 폭발시킨다

"인생이란 자신을 발견하는 것이 아니라
자신을 만드는 것이다."
-버나드 쇼

낯선 세상에서 자신의 재능을 발견한다

일본의 젊은 층은 국내에 머물고자 하는 성향이 강해 해외로 유학을 떠나는 사람이 갈수록 줄고 있다.

일본학생지원기구(JASSO)에서 2009년부터 자료를 수집해 추산한 결과, 1개월 미만의 단기 유학만 급증했을 뿐 1년 이상의 유학은 줄어들었다. 가장 많은 미국 유학도 1997년 약 5만 명에서 2015년에는 약 2만 명으로 크게 줄었다.

통계를 봐도 젊은 층의 국내 지향성은 부정하기 어렵다.

일본에 있는 것이 편하기 때문이리라.

유학에 대해 부정적인 사람도 있을 것이다. 부잣집 자녀들이 외국에 나가서 놀다 오는 것이 해외 유학이라는 인식도 있다. 하지만 유학으로 자신을 철저하게 단련한 사람도 있다.

앞에서도 언급했지만 소프트뱅크그룹 창업자 손정의는 일본에서 고등학교를 중퇴하고 미국으로 건너가 검정고시를 거쳐 대학교에 입학했다. 그는 컴퓨터를 공부해서 자동번역기를 만들어 샤프사에 약 10억 원에 팔았다. 캘리포니아대학교 버클리 캠퍼스를 졸업한 뒤에는 회사를 설립했다.

미키타니 히로시는 히토쓰바시대학교 상학부를 졸업하고 일본흥업은행(현 미즈호은행)에 들어갔지만, 유학의 필요성을 느껴 미국으로 건너간다. 하버드대학교 경영대학원을 수료하고 MBA를 취득해 귀국한 뒤 미키타니는 라쿠텐그룹을 창업한다.

축구계에서 최고령 출전 기록을 보유한 미우라 가즈요시는 열다섯 살에 브라질로 축구 유학을 다녀왔고, 테니스 선수 니시코리 게이는 열세 살에 미국으로 테니스 유학을 다녀왔다.

이들이 만약 유학을 가지 않았더라면 오늘날처럼 재능을 폭발시킬 수 있었을까?

물론 유학만이 정답이라고 말하는 것은 아니다. 그러나 새로운 것을 배우기 위해 과감히 자신을 낯선 곳에 던지고, 두 배로 노력해 몸에 익힌 것이 그들을 성공으로 이끌었음은 부정할 수 없는 사실이다.

 Point

유학을 단순한 어학 습득 수단으로 생각하지 않고 새로운 부가가치를 얻는 기회로 여긴 사람들은, 유학이 도화선이 되어 재능을 폭발시켰다. 다른 나라에 가야만 얻을 수 있는 지식이나 새로운 문물이 있기 때문이다.

낯선 것은 우리의 고정관념을 깨고 삶을 새로운 방식으로 받아들이게 한다. 옛날 해상무역을 장악한 나라들이 강대국으로 성장했던 것도 이와 같은 맥락에서 바라볼 수 있다.

사회 공헌을 목표로
재능을 폭발시킨다

"꿈꿀 수 있는 것은 실현할 수 있다."
-월트 디즈니

안 될 거라고 말하는 곳에 도전해야 하는 이유

사회 공헌을 목표로 사업을 하고 싶어도 현실적으로 불가능하다고 생각해서 포기하는 사람이 허다하다. 수익이 나지 않으면 아무것도 할 수 없기 때문이다.

스미토모 다쓰야는 사회에 공헌하는 비즈니스 모델 구축에 수완을 발휘해온 사람이다. 스미토모는 돈이 되지 않아 불가능하다고 여겨지던 분야에서 재능을 폭발시켜왔다.

1957년 도쿠시마현에서 태어난 그는 어린 시절부터 동인지나 교내 신문을 만들어 소통의 범위를 넓히는 것을 좋아했다. 공업고등전문학교를 졸업한 후 1년간의 미국생활을 거쳐 스물세 살에 귀국한 그는, 도쿠시마 시내 아파트 한 칸에서 월간 〈아와와〉라는 젊은이 대상 지역정보지를 창간했다. 주위에서는 돈이 안 된다며 다들 말렸지만 연매출 58억 원 이상을 달성할 만큼 사업 규모를 키웠다. 〈아와와〉는 지역사회 부흥과 행정에까지 강한 영향력을 미칠 정도였다.

그 후 쉰 살에 사업을 매각하고 2012년부터는 도쿠시마루 사업을 시작했다. 도쿠시마루는 냉장고 달린 경트럭을 이용해 '쇼핑 난민'들을 찾아가 물건을 파는 이동식 슈퍼마켓이다.

반경 300m 이내에 물건을 살 가게가 없어서 불편을 겪는 쇼핑 난민이 일본에 700만 명 이상이라는 이야기를 듣고 그들을 돕고자 사업을 시작한 것이다.

도쿠시마루는 지역 슈퍼마켓과 제휴를 맺어 신선식품을 포함한 상품을 선별적으로 매입하고 팔리지 않은 상품은 당일에 바로 반품하는 시스템으로 운영된다. 이동 판매인은 파트너라고 불리는 독립 사업주로, 하루 30명가량의 쇼핑 난민을 찾아가 슈퍼마켓 진열 상품보다 100원 더 비싼 가격으로 물건을 판매한다. 일 매출은 100만 원 정도로, 트럭 연료비 등 비용을 제외한 판매인의 한 달 수입이 300만 원쯤 되는 비즈니스 모델을 구축하고 있다.

지역 슈퍼마켓도, 이동 판매인도, 이용자도 크게 반길 만한 이익 구조다. 이제 도쿠시마루는 전국으로 사업망을 확대하고 있다.

물건 구입이 어려운 노년층을 돌보는 사회구성원의 역할도 하면서 안정적인 수익 구조를 구축한 모범적인 기업 사례가 되었다.

 Point

누구나 안 될 거라고 말하는 분야에서 비즈니스 모델을 구축하면 재능을 폭발시킬 수 있다. 그만큼 경쟁자가 적고 시장을 점유하기 쉽기 때문이다. 남들이 다 뛰어드는 일이 아닌 피하는 일에 더 적극적으로 도전해야 할 이유다.

다른 사람의 필요를 깨달아
재능을 폭발시킨다

"진정한 용기와 배려는 늘 손을 잡고 함께 다닌다."

-새뮤얼 스마일스(영국 저술가)

남들이 필요로 하는 곳에 기회가 있다

사업 기회는 '불편한 곳'에 숨어 있다는 말이 있다.

누구나 불편함을 느끼면 그것을 어떻게 해소할지 궁리하지만, 대부분 더 귀찮아지기 때문에 그대로 참고 방치하는 경우가 많다.

2017년 4월 7일 자 〈닛케이 마케팅 저널〉 1면에 소개된 원플러스원 사장 다무라 겐타로는 그런 불편함과 번거로움을 편리함과 쾌적함으로 바꾸는 사업을 통해 재능을 폭발시킨 사람이다.

다무라는 친척 결혼식에 초대받아 영국에 갔을 때 일본 식품을 취급하는 슈퍼마켓에서 컵라면을 7,800원에 파는 걸 보고 경악한다.

그는 긴키대학교 농학부 출신으로 과거 슈퍼마켓 체인 다이에에서 신사업 개발 업무를 담당했다. 때문에 해외에 사는 일본인에게 인터넷 슈퍼마켓이 필요할 것이라고 직감한다. 그래서 해외 거주 일본인에게 '일본에 있는 엄마' 같은 존재가 되는 것을 목표로 삼는다.

2015년 기준 해외 거주 일본인은 약 129만 명이다.

그런데 해외에서 일본 물건을 인터넷으로 사려고 하면 불편함이 이만저만이 아니다.

일본 인터넷 쇼핑몰은 해외 배송이 안 되는 곳이 많고, 만약 된다 해도 배송비가 매우 비싸다. 일본에 있는 지인에게 부탁해 여러 상품을 한꺼번에 받는 방법도 있지만 포장이나 발송의 수고로움을 생각하면 미안해서 부탁하기가 어렵다.

그래서 다무라는 해외에서 일본 인터넷 쇼핑몰에 주문을 넣을 때 상품의 배송지를 '고요키키야'로 하면, 자신들이 상품을 받아 한 묶음으로 포장하여 아주 저렴한 요금으로 발송해주는 서비스를 구상해서 2010년부터 운영하기 시작했다.

지금은 흔한 서비스지만 그때 당시는 획기적인 서비스였다.

2016년에는 이용자 수가 1만 6,000명을 넘었고 재이용률도 70퍼센트 이상을 기록했다.

다른 사람의 불편함을 해결해주고 싶은 마음이 사업 구상으로 이어져 결국에는 누구나 이용하고 싶은 서비스를 제공하는 기업이 된 것이다.

재능 폭발 Point

다른 사람의 불편을 해소하기 위해 시작한 사업이 성공으로 이루어진 예는 많다. 최근 대기업 푸드 마켓들을 중심으로 시행 중인 '장보기 대행 서비스' 또한 마찬가지다. 지금은 거동이 불편한 장애인이나 독거노인을 중심으로 서비스가 이루어지고 있지만 점차 바쁜 직장인들에게도 확대되는 추세다.

이처럼 편리성을 추구하여 연구를 거듭하면 사회에 공헌하는 재능 폭발로 연결할 수 있다.

독특한 외모로 궁금증을 유발해
재능을 폭발시킨다

"천재가 되고 싶다면 천재인 체해라."

-살바도르 달리

실력만큼 개성 있는 외모도 중요하다

"인상을 결정하는 요소의 9할은 외모"라는 말은 메라비언의 법칙이 본래 의도와 다르게 퍼지면서 발생한 오해다.

심리학자 앨버트 메라비언이 저서 《침묵의 메시지》에 쓴 내용이 여러 해석을 거치면서 수많은 오해를 낳은 것이다.

그 내용을 살펴보면, 커뮤니케이션에서는 시각 정보가 55퍼센트, 청각 정보가 38퍼센트, 언어 정보가 7퍼센트의 비율로 영향을 미친다고만 언급되어 있다.

미남미녀는 처음 만난 자리에서 주목받는다. 하지만 여러 번 만나는 과정에서 외면과 내면의 괴리가 드러나면 역효과가 일어날 위험도 크다.

그래도 자신의 재능을 더 폭발시키고 싶다면 외견을 돋보이게 하는 것도 나쁘지 않다. 연예계만 봐도 인상적인 외견으로 먼저 주목받고 그 후에 재능을 폭발시킨 사람들이 수없이 많다.

마츠코 디럭스는 원래 칼럼니스트로서 글재주가 뛰어나 호평을 받았다. 거기다 180센티에 가까운 거구에 여장한 모습으로 TV에 출연하면서 주목을 받아 방송인으로서의 재능을 폭발시켰다. 지금도 여장 남자 모습을 고수하면서 각종 쇼 프로그램 사회자로 활약 중인 그는 최근 일본인이 뽑은 가장 좋아하는 남자 연예인 1위에 오르며 승승장구 중이다.

남들과 차별화된 모습으로 자신만의 독특한 매력을 어필한 것이 대중들의 호감을 산 것이다.

이와 비슷한 예로 일본풍 헤어 메이크업으로 이름을 알린 메이크업 아티스트 잇코가 있다. 일본뿐 아니라 세계적인 아티스트로도 활동 중인 그는 TV에 출연할 때 일본 여성의 전통 복장을 하는 것으로 유명하다. 그는 자신의 재능을 더 폭발시키기 위해 여장을 선택했고, 잇코가 추천하는 상품은 무조건 매진이 된다는 새로운 신화를 써 내려가고 있다.

초현실주의의 거장 달리 또한 독특한 카이저수염으로 전 세계에 알려져 있다. 그는 창의적인 그림만큼이나 튀는 외모로 사람들의 시선을 끌었다.

모두 "저 사람은 누구지?" 하고 외모로 먼저 주목하게 만든 다음, 뛰어난 실력으로 자신의 재능을 꽃피운 사람들이다.

재능폭발 Point

재능에 대한 확신은 있는데 별로 주목받지 못하고 있다면, 자신의 외모를 연구해서 시선을 끌도록 연출해보는 것도 한 방법이다. 물론 실력 없이 외모만 가꾼다고 해서 성공할 수 있는 것은 아니다. 하지만 뛰어난 재능을 더 쉽고 빠르게 알리는데 독특한 외모가 도움이 되는 것은 사실이다.

비웃음 살 정도로 허풍을 떨어
재능을 폭발시킨다

"인간은 사고의 산물일 뿐이다. 생각하는 대로 되는 법."

-마하트마 간디

내가 말하는 대로 이루어진다

"넌 만날 야구만 하는구나. 나중에 프로 선수라도 되려고
그래?"

야구계의 슈퍼스타 이치로는 어린 시절 주위에서 이런 놀
림을 받았다. 하지만 정말 프로 야구선수가 될 생각이었기
때문에 그런 비웃음에 굴하지 않았다.

메이저리그에 갈 때도 자신은 타율이 가장 좋은 수위 타자
가 될 거라고 말해서 웃음거리가 되었다. 이치로 본인은 진

지하게 한 말이지만 주위에서는 허세를 부린다고 생각한 것이다.

"목표는 1차전 돌파입니까?"

축구선수 혼다 게이스케는 이 질문에 태연하게 답했다.

"아뇨, 우승입니다."

이를 계기로 혼다는 빅마우스라는 별명이 생겼다.

가진 능력에 비해 지나치게 큰 목표를 내세우면 세상 사람들은 코웃음을 친다.

그런데 이런 비웃음이 약이 되기도 한다. "두고 보자!" 하고 열심히 하면 재능을 갈고닦아 폭발시킬 수 있기 때문이다.

비웃음을 살 정도로 허풍을 떨어야 한다. 긍정적 자기암시 효과를 누릴 수 있기 때문이다.

일본에는 언령 신앙이 있는데, 말에 영적인 힘이 깃들어 있다고 믿는 것이다. 성공 법칙을 연구한 조셉 머피나 나폴레온 힐도 언급했듯이 말은 잠재의식에 스며들고, 잠재의식에 침투한 말은 힘이 되어 그 사람을 움직인다. '끌어당김의 법칙'이라고 해도 좋다.

손정의는 창업 후 첫 조회에서 귤 상자 위에 올라가 이렇게 선언했다.

"나는 우리 회사를 두부 세듯이 돈을 세는 회사로 만들겠습니다."[일본에서 두부를 세는 단위는 숫자 조(兆)와 발음이 같다 - 옮긴이] 그 말을 듣고 몇몇 직원은 황당해하며 회사를 그만뒀다고 한다.

하지만 그는 소프트뱅크사를 파산 위기 속에서도 지켜내일본 최대의 IT회사로 성장시켰다. 2016년에는 연간 매출액 100조를 달성하며 화제가 되었다. 손정의 말대로 매출액을 두부 세듯 세게 된 것이다.

허풍을 떨어서 비웃음을 당해도 신경 쓸 것 없다. 그것이 내 잠재의식에 스며들면 그만이다.

Point _____

큰 목표를 세워 끊임없이 동기를 자극하면 재능을 폭발시킬 수 있다. 남들은 허풍이라고 말해도 본인에게는 목표가 될 수 있기 때문이다.

경쟁자의 약점을 찾아내서
재능을 폭발시킨다

"기회를 만나지 못한 사람은 한 명도 없다.
그 기회를 잡지 못한 것뿐이다."

–앤드류 카네기

상대의 약점은 나에게 재능을 펼칠 기회다

경쟁자의 약점을 찾아내서 그에 대응하는 강점을 갖추면 재능을 폭발시킬 기회가 찾아온다.

앞서 말했듯이 라쿠텐그룹 창업자 미키타니 히로시는 당시 명문이었던 일본흥업은행에 들어갔고, 하버드대학교 경영대학원에서 MBA까지 취득해 그야말로 엘리트 코스를 밟았다.

미국에서 유학하면서 미키타니의 가치관은 180도 달라졌다. 미국에서는 대기업의 일원이 되는 것보다 기업가 정신을 가지고 스스로 회사를 세우는 것이 비즈니스의 정석이라는 인식이 깔려 있었기 때문이다.

귀국한 후, 1995년 한신·아와지 대지진으로 여러 명의 친구와 지인을 잃은 그는 '후회 없이 살기 위해서라면 회사를 그만두는 것 정도는 감수해야 한다'라는 생각으로 창업을 결심한다. 독립해서 컨설팅 일로 돈을 벌면서 사업을 구상하다 최종적으로 선택한 것이 인터넷 쇼핑몰이었다.

하지만 이 업계에는 이미 대기업이 진출해 있었다. 그래서 그는 대형 인터넷 쇼핑몰의 약점을 철저히 조사한다. 어떤 비즈니스 모델이든 반드시 약점이 있을 거라는 생각을 했기 때문이다.

대형 쇼핑몰은 초기 등록 비용과 입점료, 수수료가 비싸고 절차가 번거로우며 점포 설계가 복잡하다는 단점이 있었다. 이 때문에 새로 입점하는 가게 수가 크게 늘지 않았다.

그리하여 미키타니는 쇼핑몰을 단순하고 편리하게 운영할 수 있는 소프트웨어를 개발한다. 또 입점료를 정액제로 책정해 25품목까지 매달 약 50만 원으로 정했다. 그리고 초기 등록 비용도 수수료도 받지 않는 비즈니스 모델을 구축했다. 이것이 후발·약소 기업이 대기업과의 경쟁에서 승리를 거머쥐고 정상에 선 비결이다.

후발·약소 기업이라도 강점을 갖추면 대기업과 경쟁해도 이길 수 있다는 것을 증명한 셈이다.

 Point

경쟁자의 약점을 파악하고 이기기 위한 전략을 갖추면 재능을 폭발시킬 수 있다. 상대를 짓밟고 이기기 위해 약점을 파악하는 것이 아니라, 더 나은 서비스를 제공하기 위한 관점에서 접근한다면 성공할 수 있을 것이다.

상식의 틀을 깨는 과감함으로
재능을 폭발시킨다

"상식이란 열여덟 살까지 몸에 익힌 편견의 집합체다."

-알베르트 아인슈타인

고정관념을 뛰어넘을 때 기회가 찾아온다

세상에는 어느 순간 상식이 되어 당연하게 여겨지는 것이 많다. 그런 상식들을 의심하고 틀을 깨면 희소가치가 생겨나 새로운 수요를 낳을 수 있다.

파격적인 가격의 대명사 돈키호테를 창업한 야스다 다카오의 기적적인 성공담에도 상식을 벗어던짐으로써 재능을 폭발시킨 순간이 있었다.

1949년 출생한 야스다는 게이오대학교 법학부를 졸업하고 작은 부동산 회사에 입사한다. 하지만 그 작은 회사는 금방 도산하고 만다. 그는 될 대로 되라는 심정으로 마작에 빠져 아르바이트로 연명하는 생활을 한다.

스물아홉 살이 돼서야 겨우 이대로는 안 된다는 생각이 들었다. 그래서 잡화점 정도는 전문적인 지식 없이도 할 수 있으리라는 안이한 생각으로 일용품을 헐값에 떼다 파는 가게를 연다. 그러나 파리만 날리는 채로 3개월이 흘렀고 그는 이제 모든 게 끝났다고 생각했다.

마침내 폐업하기로 마음먹고 한밤중에 가게 안의 물건들을 정리하기 시작했다. 창고가 없었기 때문에 사들인 상품은 그대로 산더미처럼 쌓여 가게 안은 정글 같은 상태였다.

이때 예상 밖의 일이 벌어졌다. 가게에 불이 켜진 것을 보고 영업 중으로 착각한 손님들이 속속 들어오기 시작한 것이다.

이것이 그의 인생의 전환점이 되었다. 당시에는 심야 영업을 하는 가게가 몹시 드물었기 때문이다.

그의 가게는 밤에도 문을 여는 일용품 할인 판매점으로 탈바꿈했고, 가게 안의 정글 상태는 '압축 진열'로 이름을 바꿨다. 이것이 오늘날 돈키호테의 약진으로 이어졌다.

현장 스태프의 의견을 우선해서 상품 매입부터 가게 꾸미기까지 철저하게 일임하는 등, 그는 상식의 벽을 뛰어넘는 전략을 썼다. 보물찾기 하듯 매장 안을 둘러볼 수 있어 여행자들이 많이 찾는 가게가 된 것도 주효했다.

이처럼 상식을 깨기 위해서는 기존에 해오던 관습에서 벗어나 새로운 시각으로 주변을 관찰할 필요가 있다.

 Point

_____

지금 힘든 순간을 지나고 있는가? 열심히 해오던 일에서 성과를 내지 못하고 있는가?

자포자기 상태에 이르면 상식을 뛰어넘어 재능을 폭발시킬 수 있다. 절망에 빠진 그때가 성공할 수 있는 기회다.

유능한 참모를 얻어 재능을 폭발시킨다

"다른 사람을 인정하고 활용하는 능력이 없다면
재능은 발휘되지 않는다."

-이케다 마스오(판화가)

결코 혼자서는 할 수 없는 일이 있다

기업은 상품을 만드는 재능뿐만 아니라 경영이나 마케팅 같은 재능도 있어야 전체 조직이 돌아간다. 그래서 조직을 이끄는 리더에게는 여러 분야의 재능이 요구된다. 그러나 탁월한 한 가지 재능을 꽃피운 리더 가운데는 그 외 분야의 지식이 전무한 사람도 있어 유능한 보좌관이 필요하다.

리더가 지니지 못한 다른 우수한 재능을 가진 참모가 있어야 하는 이유다.

혼다기연공업 창업자 혼다 소이치로는 젊은 시절부터 자동차 수리에서 뛰어난 재능을 드러내 전설 같은 일화를 많이 남겼다. 전쟁이 끝나고 그는 이륜차 제조 판매에 뛰어들었고, 조직이 커질 무렵 제재업에 종사하던 후지사와 다케오를 상무로 맞아들인다.

후지사와는 재무와 판매를 총괄하여 혼다를 세계적인 자동차 회사로 끌어올린 명참모다. 그는 혼다 소이치로를 극진히 보좌했고, 혼다 소이치로는 인감도장까지 맡길 정도로 그를 전폭적으로 신뢰했다.

파나소닉 창업자 마쓰시타 고노스케는 전쟁 전 처남인 이우에 도시오(전쟁 후 독립해서 산요전기를 창업했다)를 오른팔 삼아 사업을 확장했다.

전쟁이 끝난 뒤에는 흡수합병한 아사히건전지 상무 다카하시 아라타로를 오른팔로 두었다. 다카하시는 기술 흡수를 위해 세계적인 전기 회사 필립스와의 제휴를 추진하고 경영 관리 체제를 확립하는 데 큰 도움이 되었다.

애플의 공동창업자 스티브 잡스와 스티브 워즈니악에게도 젊어서부터 개인 투자가로서 성공한 마이크 마쿨라라는 제3의 인물이 있었다. 우리는 애플하면 스티브 잡스만을 떠올리지만 마이크의 출자와 경영 수완이 없었다면 애플은 성공하지 못했을 것이다.

그는 꿈꾸는 두 몽상가에게 현실적인 조언을 해주고 회사가 기업답게 성장할 수 있도록 이끌었다. 또한 사람을 대하는 법부터 제품을 소개하는 방식까지 알려주며 지금의 애플을 만드는데 일조한 최고의 참모였다.

 Point ──────────────────────────

탁월한 재능을 가진 사람은 유능한 참모를 얻었을 때 재능을 폭발시킬 수 있다. 주변에 유능한 사람들이 모일 수 있도록 마음을 열고 도움을 구해야 하는 이유다.

낡은 것에 새로운 가치를 부여해 재능을 폭발시킨다

"인간의 가능성은 상식 수준에서 생각하는 것보다
훨씬 높은 곳에 있다."

-조셉 머피

남들과 다른 눈을 가진 민감한 사람이 되라

메이지 시대에 지어진 귀족의 저택, 영빈관, 온천 여관, 신사……. 역사 깊은 건축물에는 비바람을 견뎌낸 세월의 흐름이 녹아 있어 독특한 분위기를 자아낸다. 그러나 이처럼 역사가 깊고 독특한 분위기의 건물도 오래되면 이용하는 사람이 없고, 그 건물을 사는 사람도 없기 때문에 방치되거나 철거되게 마련이다. 옛 모습을 재현하려면 막대한 돈이 들기 때문이다.

학창 시절부터 이런 건물에 강한 애착과 향수를 느낀 한 청년이 있었다. 옛 건물들이 점점 사라져가는 현실에 안타까움을 느낀 그는 재생 사업을 시작하여 차례차례 성공시켰다.

1973년 나가사키현에서 태어난 다리키노 준은 낡은 것에 숨을 불어넣는 재능을 폭발시킨 사람이다.

다리키노는 오사카산업대학을 졸업하고 리크루트사에 들어가 결혼정보지를 담당한다. 이후 인재 컨설팅 회사에서 일하다가 독립하여 스물아홉 살에 사업을 시작한다.

창업의 계기는 대학 재학 중이었던 1995년에 일어난 한신·아와지 대지진으로 거슬러 올라간다. 무참하게 파괴된 고베의 거리에 건물의 잔해가 산더미처럼 쌓인 모습을 보고, 오래된 건물들은 언젠가 모두 이렇게 흔적도 없이 사라진다는 사실을 깨달은 것이다.

낡은 건물을 현대에 어울리는 형태로 되살려놓으면 건물들이 더 오래 남을 수 있으리라고 생각한 그는 언젠가 자신의 손으로 그 일을 해야겠다고 결심한다.

그렇게 다리키노는 밸류매니지먼트라는 회사를 설립한다. 그가 생각해낸 비즈니스 모델은 건물주에게 낡은 건물을 빌려 보강, 개축해서 옛 모습을 재현하는 것이다. 그런 다음 결혼식장이나 레스토랑, 숙박 시설로 개설해서 운영하는 형식이었다. 건물주는 낡은 자기 건물을 무료로 다시 탄생시킬 수 있는 데다 밸류매니지먼트로부터 임대료까지 받을 수 있는 구조였다.

옛 형태와 경치를 남긴 채로 새로운 가치를 창조하는 그의 재능은 낡은 건축물에 대한 깊은 고찰이 낳은 산물이었다.

의식조사기관 GPW에서 발표한 자료에 의하면, 밸류매니지먼트는 직원 100~999명 규모의 회사 가운데 '일하는 보람이 있는 회사' 부문에서 2년 연속 2위를 기록했다.

새로운 가치를 창조하는 조직의 가치관이 구성원 각자에게도 보람을 안겨준 셈이다.

 Point

낡은 것에 생명을 불어넣는 방법으로도 재능을 폭발시킬 수 있다. 낡은 것은 버려야 한다는 생각 또한 낡은 생각일 수 있기 때문이다. 오래된 것이 담고 있는 이야기와 가치에 주목할 줄 아는 사람이 자신의 재능도 잘 발견하는 법이다.

미래를 예견해 남보다 앞서 재능을 폭발시킨다

"실패의 가능성이 있을 때, 그것은 도전이 된다."

―칼리 피오리나(기업가)

남들보다 한발 앞서 생각하라

과학기술에 흥미를 느끼고 관심을 가지다 보면, 어떤 미래가 찾아올지 보인다. 인공지능(AI) 연구의 세계적 권위자 레이 커즈와일은 AI가 인간의 지능을 뛰어넘는 기술적 특이점, 싱귤래리티가 2029년경 도래한다고 예측한다.

미래가 보인다는 건 이런 것이 아닐까.

아마존 창업자 제프 베조스는 어린 시절부터 계산이 빨랐고 과학과 기술을 좋아했다. 발명가가 꿈이어서 늘 무언가를 실험하고 만들어냈다. 프라이팬으로 경보장치를 만들어 동생들이 자기 방에 침입하는 것을 막기도 했다.

고등학교 때부터 컴퓨터에 관심이 많았지만, 베조스는 물리학 전공으로 프린스턴대학교에 입학한다. 결국은 컴퓨터공학과 전기공학으로 전공을 바꿔서 대학을 졸업했다.

뉴욕 금융가에서 엔지니어로 일하기 시작한 그는 얼마 뒤 헤지펀드로 전직했고, 스물여덟 살이라는 젊은 나이에 부사장 자리까지 올랐다.

서른한 살에는 1995년 당시 인터넷 이용률이 매년 2,300퍼센트씩 늘고 있다는 사실을 알게 된다.

베조스의 머릿속에는 컴퓨터가 널리 보급되어 생활 구석구석까지 침투한 미래 사회가 그려진다. 그리고 온라인상에 초대형 서점을 만든다는 아이디어가 떠오른다.

그는 아내에게 묻는다.

"일을 그만두고 이 골 때리는 사업에 도전하고 싶은데, 어떻게 생각해?"

아내는 즉시 대답했다.

"한번 해봐."

베조스는 곧장 회사 상사에게도 자신이 구상하는 사업에

대해 알렸다. 상사에게서는 이런 대답이 돌아왔다.

"결단을 내리기 전에 48시간만 잘 생각해보게."

안정을 선택할지, 도전을 선택할지 48시간 동안 고민한 끝에 베조스는 결국 도전을 선택했다. 미래를 예견했기에 가능한 도전이었다.

Point ————————————————————

미래를 예견해서 아이디어를 하나하나 실현해나가면 재능을 폭발시킬 수 있다. 남들이 보지 못하는 것을 먼저 본다는 것은 그만큼 앞서 나갈 수 있다는 이야기이고, 먼저 도전하면 시행착오는 있을지라도 그만큼 더 큰 성공을 거둘 수 있기 때문이다.

황당무계한 아이디어로
재능을 폭발시킨다

"발명은 모두 고통 속에서 만들어낸 지혜다.
아이디어는 괴로운 사람에게만 주어지는 특전이다."

−혼다 소이치로

엉뚱한 사람에게 기회가 찾아온다

누구나 가끔 얼토당토않은 아이디어를 떠올린다.

그러곤 상상력을 발휘해 두근거리는 마음으로 그 아이디어를 실현하는 공상을 즐긴다.

그러나 대부분 '아무래도 불가능하겠지' 하고 아이디어를 망각의 저편으로 몰아낸다.

구글 공동창업자 래리 페이지는 모교인 미시건대학교 졸

업식에 초대받았을 때 이렇게 열변을 토했다.

"아이디어 자체에는 어떤 가치도 없습니다. 바로 실행하지 않는다면 아무 의미가 없습니다."

그 자신이 스탠퍼드대학교 대학원 박사 과정 중에 개발한, 중요도 순으로 사이트 순위를 매기는 알고리즘 '페이지랭크'가 정확히 그랬기 때문이다.

'방대한 사이트를 전부 내려받으면 어떻게 될까?'

우연히 떠오른 발상을 곧바로 시험해본 것이 페이지랭크 발명의 계기였다. 특정 웹사이트 페이지의 중요도를 순서대로 매기는 이 방식은 구글 검색 엔진의 기초가 되었다.

연설에서 그는 엉뚱한 아이디어일수록 경쟁자가 없어서 유리하다고도 말했다.

어린 시절, 에디슨의 라이벌이라고 불리면서도 불우한 발명가로 일생을 마친 니콜라 테슬라의 전기를 읽고 황당무계한 도전이 사람들을 행복하게 하는 산업으로 이어진다는 걸 깨달았기 때문이다.

구글의 경영에 관해서는 "일단 다양한 시도를 하고, 실패할 거면 빨리 실패하는 게 낫다"라고 했다.

래리 페이지와 함께 구글을 공동창업한 세르게이 브린 역시 아이디어가 넘치는 인물이었다. 그는 성공률이 낮은 혁신적인 연구를 위해 비밀 연구기관 '구글X'를 설립하고 직접 책임자의 자리에 앉았다.

생전에 스티브 잡스로부터 "당신들은 일을 너무 벌여놓는다"라는 핀잔을 받았지만 굴하지 않았다.

사람은 착각의 동물이다. 가짜 약인데도 진짜라고 생각하면 실제로 효과가 나타나는 플라시보 효과만 봐도 알 수 있다.

아무리 황당무계한 아이디어라도 실현 가능성을 믿고 바로 행동으로 옮기면 뇌는 새로운 신경회로를 만들어낸다.

그렇게 아이디어는 현실이 된다.

 Point

라이트 형제가 비행기를 발명하기 전까지 사람들은 하늘을 날 수 있다는 상상을 하지 못했다. 그러나 1903년 첫 비행기가 하늘을

날기 시작한 이후 사람들은 우주에도 갈 수 있다고 상상하기 시작
했다.

황당무계한 아이디어야말로 위대한 재능을 폭발시킬 도화선이 된
다. 그리고 그 도화선을 통해 사람들은 더 많은 아이디어를 상상
하고 실현해낸다.

잘하는 것에 더 집중해서
재능을 폭발시킨다

"위험을 무릅써라. 인생은 모든 것이 기회다.
대담하고 의욕적으로 행동하는 사람이 가장 먼 곳에 도달하는 법이다."
-데일 카네기

내가 잘하는 것에 답이 있다

2017년 4월, 테슬라모터스 주식의 시가 총액이 GM을 뛰어넘었다. 미국 자동차 회사 중 최고치를 기록한 것이다.

테슬라모터스 창립자이자 회장이 바로 1971년 남아프리카공화국에서 태어난 일론 머스크다.

머스크는 열 살 때 부모가 사준 컴퓨터에 푹 빠져 있었는데 독학으로 프로그래밍을 능숙하게 해낼 정도로 습득력이 뛰어났다.

열두 살 때는 게임 소프트웨어를 만들어 팔기에 이른다.

고등학생이었던 열일곱 살 때는 대학 입학 자격을 얻고 친척이 있는 캐나다로 이주한다. 부모가 반대했기 때문에 이때부터 그는 자립할 수밖에 없었다.

캐나다에 가서는 대학에 입학하기 전까지 농장이나 곡물 공장 등에서 육체노동을 하며 돈을 벌었다.

대학을 졸업한 후에는 미국으로 건너가 스탠퍼드대학교 대학원에 진학하지만 고작 이틀 만에 그만둔다.

문득 온라인 출판 소프트웨어를 판매하는 회사를 설립해야겠다는 생각이 들었기 때문이다.

그 무렵 급속하게 인터넷이 보급되어 새로운 기술이 속속 개발되고 있었으므로 지금이 기회라고 생각한 것이다.

예상대로 회사는 큰 성공을 거두었고 그는 회사 매각으로 3,200억 원이 넘는 돈을 손에 넣게 된다.

이때부터 승승장구였다. 자금을 얻은 그는 전자결제 서비스 회사를 설립했다. 이 회사는 훗날 페이팔이 되었다. 이어서 우주개발 회사 스페이스X를 창업하고 그다음으로 테슬라 모터스를 설립했다. 태양광 발전 사업도 성공시켜서 겨우 삼십 대에 그의 자산은 11조 8,000억 원을 가볍게 넘어섰다.

일론 머스크는 자신의 특기에 집중하는 게 중요하다고 말한다.

또 젊은 시절 학자금 대출을 갚느라 집도 없이 사무실에서 먹고 자며 회사 설립에 집중했을 때가 가장 행복했다고 회상한다. 영화 〈아이언맨〉의 실제 모델로도 유명한 그는 억만장자, 천재 공학자라는 수식어를 달고 또 다른 사업을 구상 중이다.

 Point ─────────────────────

잘하는 분야에 집중해서 특화하면 돌파구가 열려 재능을 동시에 몇 개나 폭발시킬 수 있다. 못하는 것을 잘하기 위해 애쓰는 것보다 잘하는 것을 더 잘하기 위해 노력하는 것이 힘도 덜 들고 성공으로 가는 지름길이기 때문이다.

최신 정보를 입수하여
재능을 폭발시킨다

"당신의 동의 없이는 누구도 당신을 비참하게 만들 수 없다."

-엘레노아 루스벨트(미국 여성운동가)

나만의 강력한 무기가 하나쯤은 필요하다

선진국 언어에 능통하지 않으면 비즈니스에서도 투자에
서도 뒤처지게 마련이다. 그런 면에서 과거의 중국도 사정은
비슷했다.

중국 최대 전자상거래 기업 알리바바의 창업자 잭 마(마
윈)는 1964년생으로 어린 시절부터 누구나 인정하는 열등생
이었다. 삼수해서야 겨우 지원자가 적었던 항저우사범학원

(단과대학) 영어과에 입학할 수 있었다. 하지만 다른 건 몰라도 영어 하나만은 정말 잘했다.

중국은 나라 전체가 혼란스러웠던 문화대혁명기(1966~1976년)를 거쳐 국제교류의 물꼬를 트기 시작했는데, 문화대혁명기가 끝날 무렵 열두 살이었던 마는 어쩐지 영어에 관심이 생긴다.

이후 9년 동안이나 항저우에 있는 샹그릴라호텔에 드나들면서 독학으로 직접 부딪쳐가며 영어 회화를 익혔다.

공부를 시작한 지 1년 만에 서양인과 대화할 수 있을 정도로 그의 영어회화 실력은 빠르게 늘었다. '잭 마'라는 이름은 당시 편지를 주고받던 서양 여자아이가 지어준 것이다.

대학을 졸업한 그는 취직시험에서도 서른 번 이상 낙방한다. KFC의 입사시험에서 떨어졌을 때는 24명 가운데 23명이 붙고 혼자만 떨어졌다.

결국 취직을 포기하고 삼륜택시 운전사 등 40종 이상의 직업을 전전하지만, 모조리 실패한다.

기회가 찾아온 것은 1995년, 서른한 살 때였다.

통역 일로 미국에 갔다가 막 보급되기 시작한 인터넷을 처음 접한 것이다.

앞으로 중국에서도 크게 유행할 거라는 예감이 퍼뜩 들어 귀국하자마자 항저우의 집에 18명의 젊은이를 불러 모아 영문을 번역해서 프로그램을 만들게 했고, 곧장 알리바바의 전신인 중국황엽을 설립했다.

알리바바는 2000년 손정의에게 약 196억 원을 출자받아 급격하게 성장한다. 알리바바가 뉴욕 증시에 상장되면서 손정의가 출자한 196억 원이 시가 78조 5,000억 원으로 뛰었다는 이야기는 이미 유명한 사실이다.

이처럼 어학 재능은 최첨단 정보를 얻는 데 강력한 무기가 되며, 재능을 폭발시키는 도구가 되기도 한다.

 Point

아무리 열등생이라도 영어에 재능이 있으면 성장의 씨앗을 발견해 재능을 폭발시킬 수 있다. 꼭 영어가 아니더라도 불어, 스페인어 등 자신만의 강점이 될만한 언어 하나쯤은 익혀 두는 것이 좋다.

좋아하는 것에 몰입하여
재능을 폭발시킨다

"대화는 이해를 풍부하게 한다. 그러나 고독은 천재의 학교다."

-에드워드 기번(영국 역사가)

재능의 싹에 물을 주고 키워라

뛰어난 발명가는 어린 시절부터 남다른 재능의 싹을 보인다. 어떤 일에 의문을 품으면 의문이 풀릴 때까지 집착하기 때문에 수박 겉핥기식의 폭넓은 지식을 요구하는 학교 교육에는 적응하지 못한다. 에디슨도 그랬듯이, 실패를 실패라 생각하지 않고 도전정신을 끝까지 불태워 의문을 해소하려 한다.

'풀리지 않는 나사'를 아는가?

교각 같은 사회 기반 시설에 사용되는 특수한 나사다.

풀리지 않는 나사는 본래 나선 구조의 마찰에 의존한 방법을 사용하고 있었다. 그런데 기존의 원리와 전혀 다른 획기적인 구조의 나사를 발명한 사람이 있다.

발명가 미치와키 히로시가 바로 그 주인공이다.

1977년에 태어난 그는 초등학교 5학년 때부터 학교에 가지 않았다. 초등학교 중퇴이므로 학력이 아예 없는 셈이다. 학교에 가는 대신 그는 발명을 위해 밤낮으로 연구에 몰두했다. 그래서 발명안만 2만 건이 훌쩍 넘는다.

열아홉 살에 운전하다가 자동차 타이어가 빠지는 사고를 당한 후, 미치와키는 풀리지 않는 나사를 고안하는 데 몰두했다. 그렇게 발명한 L/R 나사는 볼트 하나에 너트 두 개가 한 세트로, 너트를 각각 역방향으로 돌려서 조이는 방식이다.

미국항공우주국(NASA) 규격 시험에도 합격했는데, 시험 기계가 부서질 정도의 강도를 자랑했다고 한다.

미치와키 가에는 수재의 피가 흘렀던 모양이다. 그의 할아버지는 마에바시공과대학교 학장이자 군마대학교 명예교수인 수학자다. 아버지는 대형 화학제조사의 연구소장이자 임원이다. 어머니는 자연과학의 한 분야인 결정학을 연구하는 물리학자다.

　모두 자신의 분야에서 고도의 집중력을 발휘해 재능의 싹을 키워냈다.

　만약 당신이 발명의 재능을 타고났다면, 지금 학교나 회사에 다니고 있을 때가 아닐지도 모른다. 싹에 물을 주고 정성껏 키우기에도 시간이 부족할 테니 말이다.

재능폭발 Point

발명의 재능을 자각했다면 그 재능이 폭발할 때까지 파고들어야 한다. 아무리 자신에게 발명의 재능이 있다는 사실을 알았다고 해도 끊임없이 노력해 눈에 보이는 결과를 만들어내지 않는다면 재능은 쓸모없는 무용지물이 될 것이다.

다른 사람의 성공을 도와
재능을 폭발시킨다

"일단 시작하면 가슴에 불이 붙고,
꾸준히 하면 완성된다."

-괴테

재능의 방향을 바꿔 원하는 바를 이룬다

책 읽는 것을 좋아해서 작가가 되고 싶어도 글 쓰는 데 재능이 없으면 꿈을 이룰 수 없다.

이럴 때는 스스로 작가가 되기보다 작가를 키워내는 쪽으로 방향을 틀어 재능을 폭발시킬 수도 있다. 이런 케이스는 출판계에 수없이 많다. 글을 잘 쓰지 못해도 기획력과 아이디어만으로 재능을 폭발시킬 수 있는 분야이기 때문이다.

1928년생 오와 이와오는 중학교 교사로 일하다가《아아, 노무기 고개》라는 인기작을 쓴 야마모토 시게미의 도움을 받아 잡지〈갈대〉의 편집을 맡게 된다.

그 후〈인생 수첩〉이라는 잡지를 히트시킨 오와는 1955년 오자와 와이치와 함께 세이슌출판사를 설립한다. 1960년에는 오자와 와이치에게 경영권을 양도하고 세이슌노테초샤를 창립한다.

1963년에는 다이와쇼보로 사명을 바꾸고 논픽션《사랑과 죽음을 바라보며》를 출간해 베스트셀러에 올렸다. 그 후에도 자기계발, 생활, 실용, 여성, 역사 등 다양한 장르의 양서를 잇달아 기획했다.

1942년생 하스미 세이치는 와세다대학교를 졸업하고 지자체 대상 홍보지 제작 회사를 설립한다. 이후 젊은이 대상 잡지〈보물섬〉을 창간해 큰 인기를 얻었다.〈별책 보물섬〉에서는 서브컬처를 다뤄 연이은 성공을 거둔다.

또 부정기 간행물 시장을 개척하는 동시에 정기 간행물에서는 여성지에 호화로운 고급 브랜드 부록을 붙이는 아이디어로 엄청난 판매량을 기록한다. 하스미의 뛰어난 기획력 덕분에 다카라지마샤는 대형 출판사로 발돋움했다.

1950년생 겐조 도루는 고교 시절 소설가를 꿈꾸며 꾸준히 습작했지만, 게이오대학교에 들어가고 나서는 문학과 멀어지고 학생운동에 빠진다. 졸업 후에는 고사이도출판에서 일하다가 카도카와쇼텐에 입사해 편집자로 승승장구한다.

유명 작가를 설득하기 위해 작품을 외워 작가 앞에서 암송했다는 등 그의 열정에 관한 일화는 한둘이 아니다. 그런 열정으로 겐조는 마흔한 살의 젊은 나이로 카도카와쇼텐의 이사 자리에 올랐지만, 2년 후 독립하여 겐토샤를 창립했고 그 후에도 다수의 베스트셀러를 냈다.

작가는 자기 혼자만의 재능과 마주하지만, 편집자는 수많은 작가의 재능과 마주하여 시의적절한 기획으로 그들의 재능을 살린다. 다른 사람의 재능을 보고 두근거림을 맛보면서 자신의 재능을 폭발시키는 것이다.

지금 만약 작가를 꿈꾸지만 글 쓰는 재능이 부족하다고 느낀다면 기자나 편집자를 꿈꿔봐도 좋다. 야구를 좋아하지만 운동 신경이 부족하다고 느낀다면 스카우트팀 매니저나 야구 해설위원에 도전해봐도 좋다. 꼭 그 일이 아니더라도 해볼 수 있는 일은 많다.

타인의 재능을 살리는 아이디어와 능력으로 자신의 재능을 폭발

시킬 수 있다. 대중의 주목을 받진 못하더라도 다른 사람의 성공

을 통해 대리만족을 느끼는 것도 즐거운 일이기 때문이다.

공감 능력으로 인재를 모아 재능을 폭발시킨다

"상대를 설득하려면 정론을 내세울 게 아니라
상대에게 어떤 이득이 있는지부터 말해야 한다."
-벤저민 프랭클린

좋은 인간성도 타고난 재능이다

달성하고 싶은 목표가 있어도 혼자만의 능력으로는 불가능할 때가 있다. 그럴 때는 다른 사람의 특기나 능력을 빌려 도움을 받을 필요가 있다.

그런데 남에게 협력을 구하려면 상대로 하여금 공감하게 만드는 힘이 중요하다. 상대의 이야기를 잘 듣고, 상대의 기분을 헤아리고, 상대의 능력을 존중해서 협력하고 싶다는 생각이 들게 만들어야 한다.

즉 인간성이 좋아야 한다.

이런 요소를 지니고 있다면 프로듀싱 능력을 발휘할 수 있다.

손정의는 유학 중 자동번역기를 만들었다. 하지만 손정의가 직접 완성한 프로그램은 아니었다.

졸업 후 창업자금을 모으기 위해 무얼 발명하면 가장 돈이 될지 궁리한 끝에, 몇백 개의 아이디어 중 실현 가능성이 있는 것으로 범위를 좁혀 도달한 것이 자동번역기였다.

손정의는 학교 교수들에게 닥치는 대로 말을 걸어 완성 후 보수를 약속하고 협력을 구한다. 그렇게 시작품을 만든 것이 영어-독일어 번역기였다.

여름방학에 일본으로 돌아온 그는 이를 샤프사에 팔아서 처음에는 약 2억 원을 번다. 그는 그 돈을 교수들에게 분배한 다음, 5개국어 번역기로 업그레이드하여 10억 원을 손에 넣었다. 어린 학생이 교수들을 모아 협력시킨 것이 대단할 따름이다.

사이버에이전트를 창업한 후지타 스스무는 스스로 프로그램을 만들지 못했다. 그래서 창업 당시 호리에 다카후미의 회사 온더엣지와 손을 잡음으로써 사업을 확대했다.

디이엔에이(DeNA) 창업자 난바 도모코 역시 우수한 기술력을 지닌 도쿄대 대학원생을 아르바이트로 채용하여 모바일 게임을 만들게 했다. 이를 계기로 그는 사업을 급속히 성장시켰다.

협력을 이끌어내는 힘은 좋은 성품에서 나온다. 이 역시 타고난 재능이다.

Point _____

'공감을 불러일으키는 인간성'은 위대한 재능이다. 이런 능력을 지녔다면 뛰어난 전문성을 지닌 이들의 협력을 받아 재능을 폭발시킬 수 있다.

적당한 휴식과 수면으로
재능을 폭발시킨다

"글로벌 기업의 리더가 그릇된 의사결정을 하는 건,
24시간 대응과 연이은 출장에 의한 스트레스 때문이다."

–린다 그래튼(경영학자)

체력관리를 잘하는 것도 재능이다

당신은 하루에 몇 시간이나 자는가?

정보통신업계에서 성공한 사람들의 일화를 보면, 창업 당시 아침 일찍부터 밤늦게까지 줄곧 컴퓨터 앞에 앉아 프로그래밍에 몰두했다는 이야기가 많다.

나폴레옹의 수면 시간은 단 3시간이었다는 말도 있다. 잠을 줄여가며 노력했기에 성공했다는 이야기들도 흔히 들을 수 있다.

하지만 아무리 좋아하는 일이라도 그렇게 생활하다가는 몸이 망가지고 병에 걸릴 수밖에 없다.

수면의학에서는 수면 시간이 6시간 이하인 사람을 숏 슬리퍼, 10시간 이상인 사람을 롱 슬리퍼라고 부른다. 숏 슬리퍼는 숙면형이라고도 한다.

우리가 잠을 잘 때는 얕게 잠드는 렘(REM, Rapid Eye Movement)수면과 깊게 잠드는 논렘(NREM, Non Rapid Eye Movement)수면의 파장이 교대로 나타난다. 그런데 숏 슬리퍼는 논렘수면 상태가 오래 지속되기 때문에 잠을 조금만 자도 아침에 일어나면 활발하게 활동할 수 있다. 짧은 시간이라도 뇌가 충분히 휴식을 취하기 때문이다. 하지만 아무리 그렇다 해도 3~4시간의 수면 시간은 너무 짧다. 이래서는 논렘수면 시간을 충분히 확보할 수 없다.

아마존 창업자 제프 베조스는 반드시 하루에 8시간은 잠을 잔다고 한다.

자유주의 계열 인터넷 신문 〈허핑턴포스트〉의 창업자 아리아나 허핑턴도 테드(TED) 강연에서 잠은 8시간 이상 자야 한다고 역설했다.

8시간 이상 자야 뇌가 충분히 휴식을 취하기 때문에 건강한 몸을 유지할 수 있고, 적확한 판단을 내릴 수 있어서 냉정하고 대담한 교섭이 가능하다고도 말했다.

짧은 수면은 재능의 발전에 해롭다.

만약 밤에 조금밖에 자지 못한다면 낮에 분산수면을 취하라. 이 방법은 뇌를 활성화하는 데 도움이 된다.

레미니선스(reminiscence) 현상이라는 용어가 있다. 학습한 직후보다 얼마간 시간이 흐르고 나서 더 많이 기억할 수 있는 현상을 뜻한다.

기억은 시간이 지나면 사라진다는 게 상식이지만(에빙하우스의 망각곡선), 낮에 15~20분 정도 분산수면을 취하면 뇌가 휴식하면서 기억이 정리된다.

오랫동안 일을 계속하면 집중력이 저하되고 싫증이 난다. 이럴 때 잠깐 잠을 자면 기억을 저해하는 요인이 줄어들어 집중력이 유지된다.

자기관리도 재능을 꽃피우는 데 꼭 필요한 일이다.

재능을 폭발시키기 위해서는 밤에 잠을 깊이 자거나 낮에 분산수면을 취하는 게 좋다. 잠을 줄여가며 노력해야 성공한다는 말은 옛날이야기다.

충분히 휴식을 취하면서도 재능을 펼칠 수 있다.

계속 도전하고 크게 실패해
재능을 폭발시킨다

"항상 굶주려라. 항상 바보스러워라."

-스티브 잡스

실패하고 또 실패하라

재능을 키우기 위해서는 자신의 능력을 벗어난 일이라 하더라도 일단 시도해보는 게 중요하다.

의욕을 일으키려면 바로 손발을 움직여 행동으로 옮겨야한다. 능력에 못 미친다고 생각하고 시도조차 하지 않는다면 아무것도 이룰 수 없다.

될지 안 될지 모르는 어려운 과제에 도전하는 것도 마찬가지다.

경험이 없는 미지의 영역에 적극적으로 손을 들어 "할 수 있습니다!" 하고 허세를 부려 도전해보라. 재능을 성장시키는 아주 귀중한 체험이 된다.

스스로 목표를 높이 잡아도 좋다. 만약 실패한다 해도 무엇이 잘못되었는지 분석할 기회를 얻을 수 있다. 그래서 실패의 경험은 오히려 반가운 일이다.

농구 황제 마이클 조던은 고교 시절 농구에 재능이 없다며 팀에서 쫓겨났다. 하지만 그 후 눈을 감고 공을 던지는 놀라운 연습을 고안해 슈팅력을 크게 향상시켰다. 뛰어난 득점률을 자랑하며 마침내 NBA에 진출한 그는 3연속 NBA 우승을 차지하며 농구 선수로서 최고의 자리에 올랐다.

또한 뛰어난 실력과 함께 모범적인 사생활로 오랫동안 팬들의 사랑을 받았다.

구글에서는 근무 시간의 20퍼센트를 미승인 프로젝트에 참여하는 데 쓸 수 있다. 해본 적 없는 일에 도전해서 실패를 경험하게 해 직원들의 경험치를 높이기 위함이다. 실제로 많은 직원들이 이 실패를 통해 놀라운 아이디어를 도출해낸다.

다시 말해, 무리하게 도전해서 크게 실패하라.

재능을 키워 폭발시키려면 도전과 실패가 반드시 필요하다.

 Point

실패는 아프다. 실패는 우리에게 패배감을 안겨주기 때문이다. 그러나 실패를 통해 그 패배감을 이겨낸 사람은 다음번에 또 실패하더라도 좌절하지 않는다. 실패 너머에 있는 성공을 바라보는 힘이 생기기 때문이다.

그렇기에 실패해도 괜찮다. 어려워 보이는 일이라도 일단 도전해서 실패해보는 습관은 재능을 폭발시키는 최고의 방법이다.

재능은 누구에게나 반드시 있다,
그리고 당신도 성공할 수 있다

마지막까지 읽어준 당신에게 감사의 말을 전한다. 재능을 키워 폭발시킨 수많은 유명한 사례를 접함으로써 시야가 넓어졌으리라 생각한다.

이제 당신은 자신에게도 재능이 있다는 사실을 깨달았을 것이다. 재능은 누구에게나 있으므로 당연한 일이다.

지금 그 마음을 실행으로 옮길 계획을 세웠으면 한다.

어떤 준비가 필요할지, 매일 얼마나 시간을 투자할지 계획을 세우고 재능을 발견해서 반드시 꽃피우겠다는 결의를 다

지기를 바란다. 결심만으로는 아무것도 안 된다. 꼭 이른 시
일 안에 시작하길 바란다.

아무것도 하지 않는 인생은 우리를 불행하게 만든다.
성공을 위해 머리를 쓰고 몸을 움직여야 한다.
몇 번을 실패하든 상관없다.
경험이 쌓이면서 새로운 신경회로가 뻗어 나가기 때문이다.
성공할 때까지 그만두지 않으면 실패가 아니다.

인생의 성공에는 큰 것도 있고 작은 것도 있다.
하지만 총자산 10억 원 정도의 성공이라면 누구나 도달할
수 있다. 결코 어려운 일이 아니다.
재능을 폭발시키면 돈은 저절로 따라온다.

행복한 인생을 위해서라도 꼭 재능을 폭발시키기 바란다.
재능은 갈고닦으면 반드시 크게 자라서 빛을 발한다.

당신의 재능이 폭발하기를 기원한다.

결국 재능을
발견해낸
사람들의 법칙

초판 1쇄 인쇄 2018년 8월 16일
초판 1쇄 발행 2018년 8월 28일

지은이 가미오카 신지 **옮긴이** 유나현 **펴낸이** 김종길 **펴낸 곳** 글담출판사

기획편집 박성연·이은지·이경숙·김진희·김보라·김은하·안아람
마케팅 박용철·김상윤 **디자인** 정현주·박경은·손지원 **홍보** 윤수연 **관리** 박은영

출판등록 1998년 12월 30일 제2013-000314호
주소 (04209) 서울시 마포구 월드컵로8길 41(서교동)
전화 (02) 998-7030 **팩스** (02) 998-7924
페이스북 www.facebook.com/geuldam4u **인스타그램** geuldam
블로그 http://blog.naver.com/geuldam4u

ISBN 979-11-86650-65-3 (03190)
책값은 뒤표지에 있습니다.
잘못된 책은 바꾸어 드립니다.

이 도서의 국립중앙도서관 출판시도서목록(CIP)은 e-CIP 홈페이지(http://www.nl.go.kr/ecip)와 국가자료공동목록시스템(http://www.nl.go.kr/kolisnet)에서 이용하실 수 있습니다.
(CIP 제어번호 : 2018023797)

만든 사람들
책임편집 김진희 **디자인** 박경은 **교정·교열** 김문숙

글담출판에서는 참신한 발상, 따뜻한 시선을 가진 원고를 기다리고 있습니다.
원고는 글담출판 블로그와 이메일을 이용해 보내주세요. 여러분의 소중한 경험과 지식을 나누세요.
블로그 http://blog.naver.com/geuldam4u 이메일 geuldam4u@naver.com